名师成长书系

思维型课堂 教学设计

SIWEIXING KETANG
JIAOXUE SHEJI

江年跃 刘燕玉 庄玉芳 詹扬樱 李芙华 ◎ 著

吉林人民出版社

图书在版编目（CIP）数据

思维型课堂教学设计 / 江年跃等著 . –– 长春：
吉林人民出版社 , 2022.6

ISBN 978-7-206-19271-5

Ⅰ . ①思… Ⅱ . ①江… Ⅲ . 语文课—课堂教学—教
学设计—中小学 Ⅳ . ① G633.302

中国版本图书馆 CIP 数据核字（2022）第 132752 号

责任编辑：郭　威
装帧设计：智诚源创

思维型课堂教学设计
SIWEI XING KETANG JIAOXUE SHEJI

著　　者：江年跃　刘燕玉　庄玉芳　詹扬樱　李芙华
出版发行：吉林人民出版社（长春市人民大街 7548 号 邮政编码：130022）
咨询电话：0431-85378007
印　　刷：武汉颜沫印刷有限公司
开　　本：787mm*1092mm　　1/16
印　　张：17.25　字　数：270 千字
标准书号：ISBN 978-7-206-19271-5
版　　次：2022 年 6 月第 1 版　　印　次：2022 年 6 月第 1 次印刷
定　　价：60.00 元

如发现印装质量问题，影响阅读，请与出版社联系调换

编委会成员

让课堂敞亮，照见未来

那天，接到玉芳老师的信息，让我为石岩湖学校江年跃校长策划，刘燕玉副校长统筹，庄玉芳、詹扬樱和李芙华三位老师的课题成果《思维型课堂教学设计》一书写个序。我认真阅读她发来的课例，《视角不同，天地各异——〈坐井观天〉教学设计》《品读传神细节 致敬时代楷模——专题2教学设计》……沉浸其中，内心收获一份宁静的思考。

作为老师，我们多么希望自己的课堂小手如林，同学们沉迷学习不能自拔，或皱眉紧锁奋笔疾书，或侃侃而谈畅意表达，相遇星辰大海。而此时，我仿佛看到了现实版，石岩湖学校丰富多样的课堂。詹扬樱老师在宽敞明亮的教室，和他的学生挥斥方遒，指点江山；迎面而来的李芙华老师和孩子们，身着汉服，咿呀吟诵，感受着文言文的魅力；年轻的玉芳老师和小朋友们遨游在童话的世界……从接受性学习到主动性学习，从知识性学习到能力性学习。思维型教学，让学生越来越聪明，表现出强国有我的自信，遇见更好的自己。

是啊，林崇德教授和胡卫平教授研究提出的思维型教学理念，我们并不陌生，发展思维课堂是教育发展的必然追求，引导学生运用所学知识，在品读分析、思考解决问题的过程中训练学生的思维品质和思维方式，把学习真正交给学生，促进学生个体和整体的发展，是思维型课堂的本质和实效。

那么，教师如何创设思维型课堂，让思维训练落到实处？这正是本书出版的意义所在。课题组三位干将，带领小团队，积极探索，实践研究，精雕细琢，呈现出这样一本"实战手册"。本书分三个板块：庄玉芳课题组的33篇童话类教学设计，李芙华课题组的10篇文言文类教学设计，詹扬樱课题组的12篇综合类教学设计，这些教学设计都是从部编版语文教材里挑选的。老师如何抓住学生在表达和交流时产生的冲突和疑问，设计策略？如何运用审辩式思维，指导学生表达和反思？如何策划言语型思维教学，创意输出？不一而足，干货满满，有心的读者将收获更多的惊喜。

　　石岩湖学校秉承"为未来而教"的办学理念，通过课题研究，唤醒教师的教育自觉，培植教师的专业技能，为教师成长提供平台和舞台。同时，为学校的发展夯基、蓄能，为学生的一生种下优良的种子。温儒敏教授在《关于语文教学的 24 个建议》中强调，"教学中应当加强思维训练，特别是批判性思维。"思维型课堂恰似一汪激跃的清流，荡漾着思维的浪花，让我们看到教育生机盎然的姿态，看到师生熠熠发光的、闪着憧憬与希望的双眸。

　　湖畔教育，温润性灵。思维教学，让课堂敞亮。石岩湖学校的后浪们，执着于理想，纯粹于当下，脚踏实地，仰望星空，让我们永葆深圳特区"闯"的精神，"创"的劲头，"干"的作风，在江年跃校长的带领下，奋力奔跑，"努力续写更多更好（石岩湖学校）春天的故事。"

　　阅读是一次快乐的体验，分享老师们的研究成果更是一件令人愉悦的事。感谢玉芳老师给我学习的机会，期待各位师友的批评指正！

　　是为序。

辛丑金秋，陈晓于石岩湖畔

目 录

第一章 童话类教学设计

第二章　文言文类教学设计

第三章　综合类教学设计

第一章 童话类教学设计

幸福是靠奋斗出来的

——《青蛙卖泥塘》教学设计

庄玉芳

教学目标

1. 朗读课文，能分角色表演故事。

2. 能说出青蛙为卖泥塘做了哪些事，最后为什么又不卖泥塘了。

3. 让学生从故事中悟出道理。

教学重点

朗读课文，能分角色表演故事。

教学难点

1. 能说出青蛙为卖泥塘做了哪些事，最后为什么又不卖泥塘了。

2. 让学生从故事中悟出道理。

教学准备

PPT、头饰。

教学过程

一、创设问题情境，激发学习兴趣

师：同学们，今天有个同学向我们寻求帮助，看：

小红很想要一个印着小猪佩琪图案的铅笔盒，于是她跑去跟妈妈说："妈妈，你一定要给我买这个铅笔盒，你不买，我就不吃饭了。"妈妈没理她，依然在厨房里忙碌地干着活。

师：请问小红这样说有什么问题？

预设：生1：小红不能威胁妈妈。

生2：小红这样说话不对。

师追问：哪里不对？你能帮她想想办法吗？（生回答）

师：听了大家说的办法后，后来小红是这样说的：

（出示课件）小红跑到厨房，挽着妈妈的手说："妈妈，我原来的铅笔盒坏了，铅笔、橡皮擦和尺子都是随便扔在书包里，每次上课前我都要在书包里找大半天才能找出来。如果有了新铅笔盒，我的学习用品就可以摆放整齐，我也能更专心学习了。"妈妈一听，当天就给小红买了一个印着小猪佩琪图案的铅笔盒。

师：同学们，从小红身上，你知道了什么？（指生回答）

预设：生：我知道了要学会好好说话。

师：是的，小红通过转换自己的说法实现了愿望，这是一种改变。

看来说话是一门艺术，这节课我们继续走进《青蛙卖泥塘》，看看小青蛙是怎么说的，老牛和野鸭又是怎么说的？

【设计意图：本环节通过创设问题情境，激发学生的学习兴趣。】

二、朗读人物语言，掌握语言艺术

（一）学习人物对话

师：请同学们自由读一读这三段话。（学生自由读）

（课件出示第3至5段）

"卖泥塘喽，卖泥塘！"青蛙站在牌子边大声吆喝起来。一头老牛走过来，看了看泥塘，说："这个水坑坑嘛，在里面打打滚倒挺舒服。不过，要是周围有些草就更好了。"

老牛不想买泥塘，走了。

青蛙想，要是在泥塘周围种些草，就能卖出去了。于是他就去采集草籽，播撒在泥塘周围的地上。

师：请同学们自由地读一读这三段话。现在请一位同学读老牛的话，一位同学读青蛙的话，第三位同学读旁白。（指两组学生来读）

师：你们读得真好。（创设情境读）

师：这个水坑坑嘛，老牛对泥塘提出了自己的想法——（指名）接读：这个水坑坑嘛，在里面打打滚倒挺舒服。不过，要是周围有些草就更好了。

师：没有草，老牛有可能会饿死，所以他说——（指名）接读：这个水坑坑嘛，在里面打打滚倒挺舒服。不过，要是周围有些草就更好了。

师：老牛嫌弃泥塘，没买的原因是——全班接读：这个水坑坑嘛，在里面打打滚倒挺舒服。不过，要是周围有些草就更好了。

师：你们真是老牛的知音，读出老牛的心里所想。于是青蛙按老牛说的去改造泥塘，看，它又迎来了第二个顾客。

（课件出示第6至8段）

到了春天，泥塘周围长出了绿茵茵的小草。青蛙又站在牌子旁边，大声吆喝起来："卖泥塘喽，卖泥塘！"一只野鸭飞来了，看了看泥塘，说："这地方好是好，就是塘里的水太少了。"

野鸭没有买泥塘，飞走了。

青蛙想，要是能往泥塘里引些水，就能卖出去了。于是他跑到周围的山里找到泉水，又砍了些竹子，把竹子破开，一根一根接起来，把水引到泥塘里来。

师：请一二组同学读野鸭的话，三四组同学读青蛙的话，五六组同学读旁白。

师：同学们配合得真默契，最终野鸭也没买泥塘就飞走了。（创设情境读）

师：对于这个泥塘，野鸭的想法是——女生接读：这地方好是好，就是塘里的水太少了。

师：水太少，野鸭就不能痛快地游泳了，所以他说——男生接读：这地方好是好，就是塘里的水太少了。

师：水太少，野鸭就不能带着他的孩子在这里快乐地玩游戏，所以他对小青蛙说——全班接读：这地方好是好，就是塘里的水太少了。

师：青蛙还是没能把泥塘卖出去。

（二）发现语言特点

1. 寻找相同点

师：这是老牛和野鸭对小青蛙说的话，请同桌之间互相读一读，看看你发现老牛和野鸭说的话有什么共同特点？（课件出示）

一头老牛走过来，看了看泥塘，说："这个水坑坑嘛，在里面打打滚倒挺舒服。不过，要是周围有些草就更好了。"

一只野鸭飞来了，看了看泥塘，说："这地方好是好，就是塘里的水太少了。"

预设：生归纳：他们的语言特点是，先说优点，再说不足，分别用"不过"、"就是"连接了起来。

2. 发现不同点

师：老师现在变个小魔术，把老牛和野鸭说的话变成了这样，请同桌之间再读一读，看看现在老牛和野鸭说的话又有什么共同特点？（课件出示）

课文：

这个水坑坑嘛，在里面打打滚倒挺舒服。不过，要是周围有些草就更好了。

这地方好是好，就是塘里的水太少了。

改编：

这个水坑坑周围没有草，虽然可以在里面舒服地打打滚，但我不愿意买。

这塘里的水太少了，即使它看起来挺好，我也觉得不值得买。

预设：生归纳：他们的语言特点是，先说不足，再说优点。

师：你归纳得真准确。现在老师来读一读，仔细听，看哪种说话的方式令你感到更舒服？

预设生回答：课文里老牛和野鸭说话的方式更能令人感到舒服，容易接受。

3. 分角色扮演

师：同学们，语言是一门艺术，说话的方式变一变、换一换就会产生意想不到的效果。小青蛙的吆喝还吸引它们来了，它们说了什么？请同学们模仿老牛和野鸭的说话方式，选择其中一种动物来说一说不买的原因。同桌之间互相交流，等一下请同学上来汇报。（其他同学来扮演小青蛙）

（课件出示）

①选择一个角色。

②模仿老牛和野鸭的说话方式。

③如果边讲边配上动作、神态就更好了。

预设：小鸟说："这地方挺好，有水塘，有草地，要是有些树，让我能站在上面唱歌就更好了。"

蝴蝶说："这地方好是好，可是没有花儿。"

小兔说："这泥塘周围的草地绿茵茵的，躺在上面睡睡觉，一定挺舒服。不过，要是有一条通往城里的路就更好了。"

小猴说："这泥塘里的水够多，周围的草地够绿，要是有座房子就更好了。"

小狐狸说："这地方好是好，但是没有葡萄园，吃不到酸溜溜的葡萄。"

师：你们最喜欢哪个角色？（生说）

预设：生说喜欢她的动作。

谁喜欢她的语言？她的语言说得怎么样？（指生说）

预设：她先说优点再提不足，这样让人听起来很舒服。

师：同学们把话说得这么漂亮，这么舒服，真厉害！

师：小青蛙听从了小动物们的话后，把泥塘改造得很漂亮，全班齐读：（课件出示）

多好的地方！有树，有花，有草，有水塘。你可以看蝴蝶在花丛中飞舞，听小鸟在树上唱歌。你可以在水里尽情游泳，躺在草地上晒太阳。这儿还有道路通到城里……

师：泥塘已经大变样，于是青蛙不再卖泥塘了。它每天躺在草地上晒太阳，在水里尽情游泳，听小鸟唱歌，看蝴蝶飞舞，有时还到城里探探亲，生活过得美滋滋。一段时间后，小青蛙看腻了这个漂亮的泥塘，它想把泥塘卖掉，于是它又出来吆喝了，可这次这些小动物们的需求又不一样了，它们又会对青蛙说什么呢？（指生回答）（课件出示）

一只河马、一只鹅、一只小蜜蜂

师：请同桌之间认真思考，模仿老牛和野鸭说话的方式，发挥想象，想想它们又会对青蛙说什么呢？（指生回答）

预设：一只河马走过来说："你这个泥塘是很美丽，就是有条道路通到城里，周边环境太吵了，影响我睡觉。

一只鹅走过来说："你这个泥塘有水有草是很不错，就是没有周围没有小伙伴，太孤单了。"

一只小蜜蜂飞过来说："这个地方好是好，但是花种得不够多。"

（三）练习说话艺术

师：同学们，听了小动物们的话，你们已经学会了恰当的说话方式。那

么在现实生活当中，遇到这种情况，你会怎么说？（课件出示）

1. 我很喜欢画画，有时上课也在偷偷地画，你怎么提醒我改掉这个坏毛病？

2. 小红一回到家就看电视，但她的成绩不差，你会怎么提醒她？

3. 在公交车上有一个打扮得很漂亮的年轻阿姨没有给旁边站着的老人让座，你会对她说什么？

预设：你的画画得很漂亮，不过，如果你能选择课间去画画就更好了。

你的成绩很不错，就是一回到家就看电视，如果能改掉这个小毛病就更好了。

阿姨，你长得很漂亮，但是应该要给老人主动让座，做个人美心善的人。

【设计意图：本环节通过"学习人物对话、发现语言特点、练习说话艺术"，让学生在课文的学习中掌握得体的语言表达方式。】

三、完成阅读短文，学会举一反三

师：同学们，恰当的说话方式让人更容易接受建议。改变说话的方式或语气，会带来意想不到的效果。请大家打开导学案，完成短文《优点和缺点》，感受说话艺术的魅力。（学生完成题目，全班交流，学生订正）

优点和缺点

有一天森林里的好伙伴——长颈鹿美美和小猴子毛毛聚在一起玩真心话大冒险游戏，每个参与者都要说出对方的一个缺点。长颈鹿美美说："毛毛的缺点就是冒冒失失的。""哼"，小猴子毛毛不服气地说，"美美爱臭美。"说完大家谁也不理谁，都生气地走开了。

后来小松鼠心心来到森林里做客，她看到小猴子毛毛从树上一跃而下，马上夸奖道："毛毛真有本领，身手真敏捷，不过你要是能注意安全就更好了。"小猴子毛毛听了之后很高兴。这时他想起上次自己把长颈鹿美美气跑的事，心想：原来听到别人夸自己，自己的心情也会很不错，我要马上去跟美美道歉。"看到长颈鹿美美后，他马上对美美说："美美，你是森林里长得最漂亮的，不过你要是能改掉爱臭美的小毛病就更好了。"听到这句话，长颈鹿美美马上也对毛毛说："毛毛，你是森林里的攀爬高手，非常厉害，就是有点冒冒失失的"。小松鼠心心牵起他们两人的手,对他们说:"我们身上都有优点和缺点,只要我们掌握良好的说话的方式,就能做到一团和气的。"就这样,长颈鹿美美和小猴子毛毛和好如初了。

一、把句子补充完整。

长颈鹿美美不高兴的原因是 _____。

小猴子毛毛生气的原因是 _____。

二、长颈鹿美美和小猴子毛毛为什么能和好如初?( )(多选题)

A．长颈鹿美美主动跟毛毛道歉。

B．小猴毛毛主动向长颈鹿美美道歉。

C．两人都改变了说话的方式,既肯定了对方的优点,又委婉地向对方提出了建议。

【设计意图:本环节通过让学生完成相同主题的课外短文,让学生在练习中再次感受说话的魅力,学会举一反三。】

四、推荐课外书籍,拓宽学生视野

师:同学们,这节课我们知道了用"先说优点再提建议"的说话方式去表达自己的观点时,可以让人更容易接受。建议同学们课后去看看《刘大请客的故事》,进一步加深对说话艺术重要性的理解。下课!

【设计意图:课内课外知识的有机结合,让学生进一步加深对说话艺术重要性的理解。】

五、精心设计作业,简要介绍故事

1.请你以小导游的身份带领游客们来参观青蛙的泥塘。

板书设计

青蛙卖泥塘
得体的说话艺术:优点 + 建议

视角不同　天地各异

——《坐井观天》教学设计

庄玉芳

【教学目标】

1. 认识 3 个生字。会写 8 个字。

2. 能分角色朗读课文，有感情地朗读对话。

3. 发挥想象，通过多种形式的朗读来理解寓意。

【教学重难点】

发挥合理的想象来理解课文内容，明白文中寓意。

【教学准备】

课件、纸筒

【教学过程】

一、小品导入，激发兴趣

师：今天我请来了两位小伙伴，他们将为我们带来一个有趣的小品。请欣赏。

过渡语：同学们，通过两位小伙伴精彩的小品表演，我们发现，视角不同，看到的范围也就不同了。

今天我们将进入第 13 课《坐井观天》，看看小青蛙坐在井中仰望天空，它眼中的蓝天又变成了什么样子呢？请齐读课题。

【设计意图：兴趣是最好的老师。教师遵循低年级儿童的心理规律，引导学生在观看小品中初步建立小品和故事内容的联系，为下面的教学做好铺垫。】

二、初读课文，了解脉络

师：请同学们自由读课文。要求：

（1）读准字音，读通课文，标注出课文段落。

（2）边读边思考，课文写了哪两个小动物？他们之间发生了什么事？

学生回答（师随机板书：争论天的大小）

过渡：这位同学的概括言简意赅，这就是一种概括课文的好方法。

师：小鸟和青蛙在井的什么位置争论天的大小？谁来黑板上画出他们各自的位置。

【设计意图：读懂什么，是思维的结果；怎么读懂的，是思维的过程。阅读教学不仅要关注学生学习的结果，更要关注学习的过程和方法，不让问题流于形式。】

三、学习课文，深入体会

通过刚才的学习，我们知道小鸟和青蛙在井沿上发生了争论，那它们是怎样争论的？文中出现了几次对话？请你们再次默读课文，用横线画出它们的对话。

师：大家读书的样子特别认真，谁愿意来分享你们丰收的喜悦，说一说小鸟和青蛙之间发生了几次对话？

（一）学习第一次对话

师：它们的对话可有趣啦！请同桌之间自由朗读第 1 次对话（课件出示），谁想读一读？

师指导朗读并重点理解句子，"小鸟飞了多远啊？一百多里有多远呢？"

（二）学习第二次对话

师：小鸟和青蛙的对话真精彩！小鸟和青蛙第二次又说了什么？谁来读？

1."大话"是什么话？你说过"大话"吗？青蛙为什么说小鸟说了"大话"呢？（指生回答）

2.小鸟是怎么来反驳青蛙的呢？天有多大？（指生回答）

（课件出示）我会这样说：

小鸟飞呀飞，飞过 _____，飞过 _____，还没有看到天的边。

教师引读：这就是"无边无际"的意思。天真是无边无际，大得很哪！

让我们一起来读一读。

3.现实生活中还有什么是无边无际的？（指生回答）这些都是无边无际的，大得很呢！让我们再来读读这句话。

（三）学习第三次对话

师：青蛙和小鸟仍在争论不休，请第一小组的同学读第三次对话，其他同学边听边想，青蛙和小鸟分别为什么笑？

1.师：谁来读一读？（指生读）读得真不错！

青蛙为什么笑了？（指生回答）它是多么的自以为是啊！让我们来读一读。

小鸟为什么笑了？（指生回答）小鸟见识多广，希望青蛙能改变看法，让我们来读一读。

2.师：同学们，我们要怎样帮助青蛙知道自己的错？（预设生回答：跳出来，让小鸟带他到处走一走）

3.师：耳听为虚，眼见为实。看，青蛙真的从井口跳了出来，请你发挥想象，补充下面的内容。（生练说）

青蛙听了小鸟的话，真的跳出了井口，啊！它惊呆了，看见了 _____ _____，于是它对小鸟说："_____。"小鸟说："_____。"

师：大家的想象真丰富，让我们有滋有味地齐读第三次对话，用我们美妙的朗读来表达自己的感受吧。

【设计意图：本环节注重引导学生在读中展开想象，在读中理解内容，使学生思之于情读之于形，入情入境地感悟。同时注重语言学习与学生生活经验相结合，达到在语文实践活动中掌握和运用祖国文字的目的。】

四、仔细观察，学写生字

师：读完了三次对话，下面我们来学习写生字。出示生字："沿"。

（一）观看写字软件，初识生字架构

请同学们仔细观察，"沿"字有什么特别？（指生回答）

（二）教师示范板书，学生自由练习

（三）教师巡视，相机指导，全班交流

【设计意图：生字教学是低年级教学的重点，认认真真落实写字的每个环节，让学生扎扎实实地写好每个字。】

五、总结全文，感悟寓意

师：同学们，学习了这个故事，你知道了什么？（学生交流汇报，师随机总结）

六、设计作业，课外拓展

1. 熟读课文，把故事讲给爸爸妈妈听。
2. 课外收集、阅读成语故事，为班级的"讲故事竞赛活动"做准备。

板书设计

坐井观天

天有多大?

小鸟　无边无际

青蛙　只有井口大

辛勤劳动　赢得美好生活

——《寒号鸟》教学设计

庄玉芳

【教学目标】

1. 认识"堵、缝"等 15 个生字，读准多音字"号、当"，会写"面、阵"等 8 个字，会写"山脚、当作"等 12 个词语。

2. 能够采用多种方法来理解"晴朗、哆嗦、懒惰、得过且过、哀号"等词语的意思。

3. 熟读课文，了解课文的主要内容。

4. 引导学生积累"冻得直打哆嗦、热得直冒汗"类似的词语。

【教学重难点】

学习本课的 15 个生字。读准"号、当"两个多音字，能够区分多音字的不同读音及其意思。

【教学准备】

课件

【教学过程】

◉ 第一课时 ◉

一、出示图片，导入新课

师：同学们，课前安排大家去查找寒号鸟的资料，现在谁能来介绍一下？（指生回答）（教师补充）

今天我们学习的《寒号鸟》讲的是一个故事。（师板书课题：13. 寒号鸟）

同学们，我们要读准"寒号鸟"的字音，这里的"号"是个多音字，在这里读"hao"，第二声，表示哭叫的意思。在文中的词语"哀号"中，也读"hao"，第二声。不过在"号码、学号"等词语中，读"hao"，第四声。请大家齐读课题。

【设计意图：通过介绍寒号鸟的资料，自然揭开新课的学习。】

二、初读课文，学习字词

（一）根据要求，自由朗读课文

自读要求：

1. 借助拼音读准字音，圈画出不认识的字。

2. 练习朗读课文，把课文读通、读顺。

学生按照要求自由朗读课文，教师巡视。

（二）检查朗读，相机纠正字音

1. 出示生字，学生练读

指生朗读，相机正音（"得过且过"的"且"，读"qie"，第三声。"复"读音"fu"，第四声。"当"是多音字，在课文中"当作"一词中读"dang"，第一声）。

学生练习朗读生字，读准字音。

2. 出示词语，学生自读

学生练习朗读词语。

3. 朗读课文，相机指导

（1）学生自由朗读课文，初步了解课文的内容。

（2）指生分段朗读课文，相机对学生读错的字音加以纠正。

（3）同桌互相朗读课文，思考课文主要讲了什么内容？

【设计意图：本环节注重引导学生在朗读过程中读准字音，读顺句子，读通课文。】

三、讨论交流，初知内容

师：课文除了寒号鸟，还有谁出现了？（生回答：喜鹊）

（一）了解住处

师：请同学们看课本的第一幅插图，说一说寒号鸟和喜鹊分别住在哪里？

（课件出示：寒号鸟是住在崖缝里，喜鹊是住在大杨树上。）

师：请大家一起来读一读第一自然段，我们来认识认识它们的住处。

（二）比较活动

师：请同学们再仔细看这幅插图，看一看寒号鸟和喜鹊分别在干什么？

（课件出示：寒号鸟正在窝里睡觉，喜鹊正衔着枯草忙着做窝。）

师：寒号鸟的窝和喜鹊的窝有什么不同？

学生讨论交流得出：1.地方有异：寒号鸟的窝是在崖缝中，而喜鹊的窝是在杨树上；2.保暖性能不同：寒号鸟的窝里什么都没有，只有光秃秃的石壁，看起来很冷；而喜鹊的窝是由枯草枯枝搭建起来的，很暖和。

（三）得出印象

师：你对寒号鸟和喜鹊的第一印象是什么？

学生讨论交流得出：寒号鸟比较懒，喜鹊比较勤快。

（四）积累词语

师：请同学们读一读这些词语，边读边思考：这些词语有什么特点？

课件出示：冻得直打哆嗦　　热得直冒汗

　　　　　冷得像冰窖　　　热得像蒸笼

师：请你们补充以下词语。

课件出示：热得（　　　），冷得（　　　），

　　　　　快得（　　　），慢得（　　　），疼得（　　　），

师：在生活中，你还认识哪些类似这样的词语，说一说。（指生回答）

【设计意图：本环节通过"了解住处、比较活动、得出印象、积累词语"这四个小板块内容的梳理，帮助学生既了解课文内容，又掌握了重点词组。】

四、指导书写，展示交流

（一）观察生字

师：同学们，这是本课要求书写的8个生字，请大家读一读，看一看这8个生字在书写时需要注意些什么？（指生回答）

（二）交流讨论

全班交流讨论，明确以下要点："阵"是耳朵旁，两笔写成。"朗"是左右结构，左右宽窄相当，左边的最后一笔是点，要写小一点。"却"也是左右结构，左宽右窄，右边是硬耳朵，不能写成软耳朵。"将"是左右结构，左窄右宽，左边的笔顺是点、提、竖。

（三）重点指导

教师重点指导学生书写"夜"、"将"两个字，边写边强调书写要领。

（四）学生练习

学生练习描红仿写，教师巡视，提示学生注意书写姿势。

（五）展示评价

教师在课堂上展示学生书写作品，相机评价。

【设计意图：生字教学是低年级教学的重点，教师通过每个小环节，让学生能做到认认真真写好每个字。】

五、布置作业，巩固新知

1. 练习正确、流利、有感情地朗读课文。

2. 初步了解课文内容，体会课文揭示的道理。

板书设计

寒号鸟

了解住处

比较活动

得出印象

◉ 第二课时 ◉

教学目标

1. 学习课文，理解课文内容。

2. 分角色朗读课文，知道喜鹊和寒号鸟的结局产生的原因。

3. 在理解课文的基础上，明白课文告诉我们的道理。

教学重点

学习课文，理解课文的内容，知道喜鹊及寒号鸟的不同做法以及带来的不同结果，从中明白"懒惰、得过且过是没有好结果的，美好的生活只有通过辛勤的劳动才能得到"的道理。

教学难点

学习课文，明白课文揭示的道理，知道生活中有哪些与寒号鸟一样的行为和做法。

教学准备

课件

教学过程

一、复习旧知，导入新课

师：同学们，上一堂课我们学习了《寒号鸟》这篇课文的生字和词语（出示词语，引导学生读一读）。今天我们继续来学习《寒号鸟》这篇课文。

【设计意图：本环节从复习生字和词语入手，带领学生继续学习课文内容。】

二、学习课文，理解内容

（一）口头填空，回顾内容

师：请同学们回顾第一自然段的内容，进行填空。

课件出示：寒号鸟的家是在（　　　）。周围全是光秃秃的石壁，看起来非常（　　　）。而喜鹊的家是在（　　　）。他的窝全是用（　　　）做起来的，看起来非常（　　　）。

（二）抓住句子，比较不同

1. 喜鹊的勤劳

师：几阵秋风吹过，树叶落光了，冬天快要到了，天气越来越冷了。这时候喜鹊在干什么呢？请大家自由朗读课文第三自然段。

出示句子：

喜鹊一早飞出去，东寻西找，衔回来一些枯草，就忙着做窝，准备过冬。

师：你从这一段哪些词语里，看到了喜鹊的什么品质？

预设生回答：我从"一早、东寻西找、忙着"这几个词语，体会到喜鹊的忙碌和勤劳。

2. 寒号鸟的懒惰

师：喜鹊在忙着做窝，而寒号鸟在干什么呢？请大家继续读课文第三自然段。

出示句子：

寒号鸟却只知道出去玩，累了就回来睡觉。

师：你从这一段里，看到了寒号鸟的什么品质？

预设生回答：我看到寒号鸟的懒惰。

3. 寒号鸟的不听劝告

师：喜鹊忙着做窝，寒号鸟却只知道玩，喜鹊有没有劝过寒号鸟呢？寒号鸟又是怎么回答的？

师：请几位同学分角色来读一读第三四自然段。（指生读）

4. 不同的过冬

师：寒号鸟不肯做窝，只知道出去玩，冬天到了，寒风呼呼地刮着，喜鹊和寒号鸟又是怎样过冬的呢？请大家读一读课文的第五自然段。

出示句子：

喜鹊住在温暖的窝里，寒号鸟在崖缝里冻得直打哆嗦，不停地叫着："哆啰啰，哆啰啰，寒风冻死我，明天就做窝。"

师：请男生读描写喜鹊的句子，女生读描写寒号鸟的句子。（男女生朗读）

师：通过对比朗读，我们再次感受到什么？（指生回答）

5. 寒号鸟依然毫无行动

师：寒号鸟在夜里冻得直打哆嗦，他下定决心要开始做窝，可是第二天早上，寒号鸟有没有去做窝呢？请同学们自由朗读课文第六、七自然段。

出示句子：

寒号鸟还是不听劝告，伸伸懒腰，答道："傻喜鹊，别啰嗦。天气暖和，得过且过。"

师：你从这一段哪些词语里，看到了寒号鸟的什么特点？（指生回答）

6.寒号鸟的结局

师：寒号鸟又一次失去了做窝的机会，在大雪纷飞的寒冬腊月，寒号鸟又一次哀号起来，他又是怎样哀嚎的呢？请大家读课文第八自然段。

出示句子：

寒号鸟重复着哀号："哆啰啰，哆啰啰，寒风冻死我，明天就做窝。"

师：寒号鸟最后的结局是怎么样的？（指生回答）

【设计意图：本环节通过抓住重点句子和词语，两相对比，引导学生来感受喜鹊的忙碌、勤劳和寒号鸟的懒惰、不听劝告、得过且过的特点。】

三、总结课文，加深理解

（一）分角色朗读全文

师：请同桌之间分角色朗读全文，再次体会课文的主要内容。

（二）分小组谈论交流

1.寒号鸟的缺点

师：同学们，你们认为寒号鸟身上有哪些缺点？下面请大家分小组来讨论、分析寒号鸟的特点。

学生自由讨论交流，得出：不听劝告、得过且过、懒惰。（相机理解"得过且过"）。

教师引导：寒号鸟一直没有想过做窝，过一天算一天，所以，得过且过的意思就是，过一天算一天，不做长远打算。

2.喜鹊和寒号鸟结局的不同

师：同学们，为什么喜鹊能住在温暖的窝里，寒号鸟却冻死了？

学生自由交流讨论：喜鹊是一只勤劳、早早规划的鸟，所以当冬天来临的时候，他能够不受寒冻；而寒号鸟却是一只不听劝告、懒惰的鸟。所以当冬天来临的时候，他没有遮蔽风寒的窝，就被冻死了。

3.畅谈自己的想法

师：同学们，你想对寒号鸟说些什么呢？

4.联系生活实际

师：喜鹊非常勤劳，所以它度过了寒冷的冬天，而寒号鸟却非常懒惰，不听劝告，所以在寒冬腊月被冻死了。其实在我们生活中有许多像喜鹊或者寒号鸟这样的人，你能来说一说吗？（指生回答）

【设计意图：本环节以分角色朗读课文为基础，采用分小组讨论交流的形式，引导学生们看到寒号鸟身上的缺点、清楚喜鹊和寒号鸟的不同结局，再通过联系生活实际来表达自己的想法。】

四、课堂小结，揭示道理

同学们，喜鹊勤劳，度过了温暖的冬天；寒号鸟懒惰，冻死在寒冬腊月，所以我们要学喜鹊勤劳的精神，而不能像寒号鸟一样懒惰、不听劝告。

五、布置作业，分享收获

1. 正确、流利、有感情地朗读全文。

2. 把寒号鸟的故事讲给爸爸妈妈听，并和爸爸妈妈交流一下自己学习的收获。

板书设计

寒号鸟

喜　鹊——忙碌、勤劳

寒号鸟——懒惰、得过且过、不听劝告

小故事　大道理

——《狐假虎威》教学设计

庄玉芳

【教学目标】

1. 了解故事内容。
2. 掌握课文的道理。

【教学准备】

课件

【教学过程】

一、成语接龙，导入新课

师：你们喜欢动物吗？你知道哪些与动物有关的成语？一人说一个（指生说）。

师：今天，我们学习一个和动物有关的寓言故事。板书课题，课题这几个字都是生字，请大家伸出右手，跟着老师一起写课题。

师：齐读课题。

【设计意图：低年级的学生爱好玩游戏，教师抓住这一特点，让学生进行关于动物成语的接龙，在快乐的氛围中自然引入新课的学习。】

二、整体感知，做好铺垫

（一）学习字词

师：请同学们自读课文，读准字音，读通课文。（课件出示生字）

（二）读通课文

师：我把这些字词放回文中，你能准确读出来吗？请大家先用5分钟的时间练习一下。

师：现在男女生来比一比，看哪一方读得更流利？最后一段齐读。

师：团结就是力量，你们读得真响亮。让我们带着这种昂扬的气势再来读一遍，把课文读熟。

（三）理解课题

师：课文中有一句话把这个故事的内容概括了出来，请你仔细读课文，找到并划下来。（课件出示课文最后一段）

师：同学们能不能用自己的话说说狐假虎威的意思？（指生回答）

师：原来，"狐假虎威"的意思就是"狐狸借用老虎的威风把百兽吓跑了"。

师：狐狸为什么要借老虎的威风，又是怎样借的呢？我们一起走进故事里看看。

三、理解内容，指导朗读

（一）体会老虎的饥饿

师：请一位同学来读第一自然段。其他同学边听边想：从这段里，你知道了什么？

预设生回答：很饿的老虎在到处找食物，这时，狐狸被老虎捉住了。

师：狐狸被饥饿的老虎逮住了。这时的狐狸处境怎么样？

生：非常危险。

过渡：狐狸面临被老虎吃掉的危险，结果怎么样？

【设计意图：这一环节中让学生通过读文，设身处地的体会老虎的饥饿，把学生带入作者预设的紧张情境中。】

（二）感受狐狸的聪明

师：请大家自由读第2—5自然段，边读边划出狐狸说的话。

师：谁来读狐狸说的第一句话？（一生读后出示第二自然段）

师述："狐狸眼珠子骨碌碌一转"，它在想什么？（指生回答）

预设生回答：我不能让虎吃我，想办法逃走……

师：你真会想办法。

【设计意图：此环节抓住重点词语让学生展开想象，目的让学生走进文本、感悟文本、理解文本，深入解读文本内涵。】

师：想出办法的狐狸"扯着嗓子"对老虎说，谁能扯着嗓子读狐狸说的话。（指生读）

师：你不但读得好，而且动作加得恰当！你都把老虎吓住了！

师：我们学着这位同学的样子来读一读！

【设计意图：通过角色转换，多种形式的朗读，让学生理解语言，品味语言，积累语言。】

过渡：这时的狐狸更威风，更自信，它接着又怎么说？（指生回答）（读完后课件出示第二句话）

师：狐狸说的话是什么意思？（指生回答）

师小结：狐狸为了保住自己的生命，把老天爷都搬出来了。谁来读出狐狸说话的语气？（指生读）

师：看，这时的老虎被蒙住了，松开了爪子。（出示第5自然段）"蒙住"什么意思？（指生回答）

师：被蒙住的老虎会怎么想呢？（指生回答）

师：看着被蒙住的老虎，狐狸摇了摇尾巴，又会怎么想？（指生回答）

师：瞧，这只凶恶的老虎上了狐狸的当，它对老虎说："不信……"。

师提醒：注意"不信"和"怕不怕"这两个词，我们再读一遍！

师：狐狸说这句话的目的是什么？（指生回答）

【设计意图：此环节教师适时的评价与引导，抓住重点词语"老天爷"、"蒙住"……引导学生朗读、表演、想象老虎、狐狸的心理活动，与作者、编者、文本产生了共鸣。也突出了文章的重点，加深了对内容的理解。】

师：下面四人小组分角色读第2至5自然段。

（小组长组织：一人读狐狸的话，一人读老虎说的话，一人读旁白，一人当评委，评评谁读得好。）

师：下面我们选一小组来分角色读第2至5自然段。

师：这小组读得真好，课下同学们继续分角色读。

【设计意图：此环节放手让学生在读中理解，读中感悟，读中提高。】

四、读演结合，感悟事理

过渡：老虎跟着狐狸向森林深处走去，结果又会怎么样呢？

师：谁来读课文第6、7自然段？（指一生读）

师：下面我们请一位同学来演狐狸，一位同学来演老虎，五位同学来演森林里的小动物，其他同学当评委，看他们表演得怎么样。（七位学生在讲台上表演，表演结束后，其他学生进行点评）

师采访演小动物的同学：你这只小动物害怕谁？

生：我害怕老虎。

师：你呢？

生：我怕老虎。

师：大家呢？

生：都害怕老虎。

师：现在你们知道"狐假虎威"的意思了吧！（板书：借，威风，吓跑百兽）

师：狐狸借着老虎的威风吓跑百兽。

【设计意图：本环节读演结合，研读文本，展开思辨，感悟事理。根据二年级学生年龄的特点，在教学设计中，以"读"促演，以"演"使读更加深入，读演结合让学生通过朗读和表演去感悟文中哲理。】

课件出示：

1.大大小小的野兽都吓得撒腿就跑。

2.野兽吓得撒腿就跑。

师：你喜欢哪一句话？为什么？（指生回答）

师总结：对，加上"大大小小、都"这些词语就能说明所有动物都怕老虎。

【设计意图：此环节进一步让学生品味、积累语言，懂得使用语言的精妙、准确。】

师：你认为这是一只怎样的狐狸？（指生回答）

师：如果狐狸借着老虎的威风欺负其它小动物，你认为这只狐狸怎样？（指生回答）

师：生活中有没有借别人的势力欺负人的人？（指生回答）

【设计意图：此环节恰到好处的拓展，有助于学生形成正确的是非观念，这对于学生今后形成正确的人生观、价值观，奠定了一个良好的基础。】

五、续编故事，拓展延伸

后来，老虎明白了百兽是害怕自己才逃跑的，如果再遇到狐狸会发生什么故事呢？请展开你的想象，编一个新的寓言故事。

师结：请同学们课后编写故事，比一比谁编得精彩。

【设计意图：此环节设计新颖、有趣，激起了学生探索的欲望，课虽完而意未尽。】

板书设计

狐假虎威
狐狸借老虎威风吓百兽

吃亏是福　顾全大局

——《狐狸分奶酪》教学设计

庄玉芳

教学目标

1. 学会本课的 8 个生字，认识 12 个生字，理解词义。
2. 能正确、流利地朗读课文，了解狐狸是怎样分奶酪的。
3. 理解课文内容，评判狐狸的做法是否公平。

教学重点

1. 识字、写字，理解词语的意思，了解狐狸是怎样分奶酪的。
2. 能正确、流利地朗读课文，会复述课文。

教学难点

理解课文内容，评判狐狸的做法是否公平。

课时安排

2 课时

◉ 第一课时 ◉

课时目标

1. 学会 8 个生字，认识 12 个生字。理解词义。
2. 能正确、流利地朗读课文，了解课文内容。

教学过程

一、揭题导入

师：同学们，你读过哪些跟狐狸有关的故事？（指生回答）在我们的印象中，狐狸就是一个坏坏的角色。今天，我们来学习关于狐狸的另一个故事——《狐狸分奶酪》。板书课题，齐读课题。（板书：狐狸分奶酪）

【设计意图：此环节引导学生回顾自己过去积累的知识，为新旧知识搭建联通的桥梁，激起了学生学习的欲望。】

二、识字解词

（一）自读课文

师：请同学们按要求自读课文。

（课件出示）提出要求：

1. 读准每一个字的字音，圈出生字词。

2. 读通每个句子，读不通顺的地方多读几遍。

3. 标出每个自然段的序号。

（二）检查预习

1. 出示生字（课件出示）

奶　始　吵　仔　急　咬　第　公

2. 出示新词（课件出示）

捡到　　奶酪　哥俩　开始　拌嘴　嚷着

瞧一瞧　轮流　剩下　帮忙　整块　方便

开展读词游戏：指名读，开火车读，小老师领读，齐读。

师：让我们把这些字词带到课文中，一起来读好课文。

（三）整体感知

师：本文讲了狐狸是怎样分奶酪的？请大家借助课文的语句来说一说。（指生回答）

课件出示："狐狸就这样轮流地咬着两块奶酪，咬着咬着奶酪全被他吃光了，一点也没剩下。"

【设计意图：此环节引导读准字音，读通句子，读顺课文，为接下来的学

习奠定基础。】

三、指导书写

（一）多样识记生字

出示生字田字格课件：奶 始 吵 仔 急 咬 第 公

师：请大家开动脑筋，说一说记生字的方法有哪些？学生各抒己见，然后教师总结：

1.加一加："女"加"台"是"始"；"口"加"少"是"吵"；"亻"加"子"是"仔"；"口"加"交"是"咬"。

2.换一换："扔"减"扌"换"女"就是"奶"。"弟"减"丷"换" "就是"第"。

3.猜谜语："去掉上边，只留下边"是"公"，"心字头上压着一座山，山上一把刀"就是"急"。

4.组词语：给生字找朋友，用生字口头组词。

（二）扎实指导写字

1.师范写，重点指导"奶、第"并讲述：（板书：奶 第）

课件出示"奶、第"田字格课件

"奶"：左右结构，左窄右宽，第四笔是横折折折钩，不要写成横折折撇。

"第"：上下结构，上窄下宽。第七笔是横折，第九笔是竖折折钩。

2.指名说说这些生字在田字格中的位置以及书写要点。

3.老师范写，学生在习字本上描红、临写生字。（提醒写字姿势。）

4.教师巡视指导，强调写字姿势，提出要求。

（三）展示评价作品

展示学生写字作品，讲评，适当奖励。

【设计意图：本环节通过多种方法引导学生识字、写字，激起了学生写好祖国语言文字的欲望。】

四、总结交流

师：同学们，这节课我们学习了生字，认识了狐狸和两只小熊，了解了狐狸帮他们分奶酪的故事。下节课我们接着学习他们之间的故事。

五、作业设计

1. 写出带有下列偏旁的字。

女（　　　）（　　　）　竹（　　　）（　　　）　亻（　　　）（　　　）

2. 把《狐狸分奶酪》的故事讲给别人听。

板书设计

狐狸分奶酪

狐狸轮流咬　两块奶酪被吃光了

◉ 第二课时 ◉

课时目标

1. 能正确、流利地朗读课文，了解故事内容。
2. 理解课文内容，能正确评判狐狸的做法。

教学准备

课件

教学过程

一、识读词语，复习导入

课件出示词语：

捡到　奶酪　哥俩　开始　拌嘴　嚷着

瞧一瞧　轮流　剩下　帮忙　整块　方便

师：狐狸给两只小熊分奶酪，分得怎么样了？我们继续学习课文。（板书：狐狸分奶酪）

【设计意图：本环节从识读词语入手，开门见山，直接进入课文的学习。】

二、精读感悟，重点突破

（一）梳理故事过程

课件出示：

"小熊，我分得可公平啦，"狐狸笑着说，"你们谁也没少吃一口，谁也没多吃一口。"

师：事实是这样的吗？我们一起来看看狐狸是怎样分的？（指生回答）

师：看到奶酪分得不均，狐狸是怎么说，怎么做的？请大家用"——"标出说的话，用"……"标出所做的语句。课件出示：

狐狸说："真的，这半块是大一点，你们别着急，看我的。"

狐狸这样做：说着就在大的这半块上咬了一口。

师：最后的结果怎么样？

课件出示：

狐狸就这样轮流地咬着两块奶酪，咬着咬着奶酪全被他吃光了，一点也没剩下。

师："轮流"是什么意思？谁能来说一说？（指生回答）

（二）讨论狐狸做法

师：可是，狐狸说，他分得可公平了，谁也没少吃一口，谁也没多吃一口。你同意狐狸的说法吗？（指生回答）

（三）分角色演故事

师：请大家分角色朗读一下全文。（生入情入境地朗读）

师：请小组里的同学戴上头饰，分角色表演一下课文内容。（小组内先练习，再请几组展示表演）

【设计意图：本环节从"梳理故事内容、讨论狐狸的做法及分角色演故事"入手，引导学生从课内走向课外，大胆抒发自己的想法，勇于展示自己。】

三、总结提高，拓展延伸

（一）正确评价狐狸

师：通过狐狸分奶酪这件事，你认为这是一只怎样的狐狸？为什么？（指生回答）

师：它到底是"聪明的狐狸"还是"狡猾的狐狸"呢？

引导学生关注狐狸这样做是损人利己的行为，所以说他是一只狡猾的狐狸。（师板书：狡猾）

（二）恰当评价小熊

师：如果你是小熊，该怎么做？（指生回答）

师相机指导，团结的重要性，不团结就会给坏人可乘之机。（师板书：团结、礼让）

【设计意图：本环节通过让学生"正确评价狐狸"和"恰当评价小熊"，引导学生学会辩证地看待问题，大胆表达自己的想法。】

四、作业设计，开动脑筋

1.把故事讲给爸爸妈妈听。

2.如果你是狐狸，你会怎样公平地帮小熊分奶酪。

板书设计

狐狸分奶酪

公平　一块大一块小　轮流

不公平　狡猾　团结　礼让

拥有朋友　一生幸福

——《纸船和风筝》教学设计

庄玉芳

教学目标

1. 认识 8 个生字，会写 8 个生字。
2. 正确、流利、有感情地朗读课文。
3. 帮助学生在学习中对怎样交朋友和维护友谊，产生一定的感受。

教学过程

一、未读其文，先有其景

师：同学们，看，这是"纸船和风筝"的简笔画。谁能在这两个词之间写一个字，把这两个词连起来读？（指生回答）

【设计意图：建立实物和要学的词之间的联系，容易让学生产生联想，把识字和学生的现实生活联系在一起，培养学生良好的识字习惯。让学生看老师板书，又一次加深对生字的印象。而在两个生词之间加一个"和"字，就使得原本毫无联系的两个词语构成了一个令人向往的想象空间，未读其文，先有其景。既学习了生词，又在上课伊始激发学生的兴趣。】

二、初读课文，寻求新知

师：请同学们在读课文的时候，拿起铅笔，边读边划出本课不认识的字，想办法认识它。

【设计意图：我们的语文教学是母语教学，此时老师要求学生划出不认识的生字，是为了更好地落实学段目标，培养学生自主想办法进行识字的能力。】

三、游戏识字，了解情况

（一）游戏识字

师：同学们，每个小组都拿到了一个识字小魔方。请在组内选一个代表，把手中的魔方向上抛，落在桌子上，正面朝上的字是哪一个字，我们就一起读出那个字，如果有同学读错，我们就一起来帮帮他。（学生分组活动，教师来到学习小组和学生一起玩。）

（二）猜字谜

每字头上长颗草：莓！

很少张口见面闹：吵！

（三）检查生字

检查识词情况：幸福、愿意、扎风筝、漂流、飘荡。

【设计意图：读后交流识字方法，并且通过玩识字魔方的游戏，让学生在玩中学，学中玩，既提高了学生的识字兴趣，同时增加生字与学生见面的次数，切实起到巩固识字的作用。用猜字谜的形式检验识字效果，让识字变得轻松。整个识字过程，让学生在生动活泼的情境中识字，在不知不觉中达到了识字目的。】

四、写字练习，养成习惯

师：这节课我们要学会写的生字是："幸、福"两个字。（教师板书"幸、福"两字，边写边讲解两个字的占位；学生练习，教师巡视，提醒写字姿势。）

【设计意图：教师在示范时，主要提示间架结构，让学生从整体上把握这两个字，能够把字写得美观。先观察，后书写；先看结构，后看笔画；先描摹，后仿写，这是写字的基本规律。我意在通过一步步有意识的引导，让学生充分经历一个这样的过程，为学生养成良好的写字习惯打下基础。】

五、初读课文，整体感知

师：这篇课文共有 11 段，我请 11 位同学来读一读课文，看看大家对课文的熟悉情况。

【设计意图：学生通过接读课文，对课文有了第二次的整体感知，为接下来的学习打下基础。】

六、细读课文，理解感悟

（一）了解人物住处

师：通过自己读课文和听这 11 位同学读课文，同学们了解本课讲了一个什么故事？故事中的主人公是谁？他们住在哪里？

（教师根据学生回答简笔画出一座山，小松鼠住在山顶，小熊住在山脚。有一条小溪从山上流下来，正好从小熊家门口流过。）

【设计意图：在语文教学中，合理地使用情境教学法，不但能够激发学生的学习兴趣，而且还能使学生在情境中成为学习的主人。因此，我在此处努力将学生带入一个富有童话色彩的故事里，并结合情境理解文中的词语"山顶""山脚""小溪"，并以此开掘学生的潜在智慧。】

（二）清楚事情起因

师：他们之间发生了什么事呢？请同学们小声读一读课文第 2、3 自然段。（指生回答）

（课件出现不带"漂呀漂"的句子和带有"漂呀漂"的句子）

师：你们读一读这两个句子，看有什么不同？（指生回答）

【设计意图：通过比较句子，让学生自己发现"漂呀漂"所包含的意思，培养学生对语言敏锐的感受力，加深理解和体验，使学生与语言文字所表达的情感产生共鸣。】

（三）读懂小船作用

师：小船带着礼物和祝福漂到了小熊的家门口，快看小熊是什么样的心情？（指生回答）

（课件出现小熊乐坏了的画面）

师：我们来读一读课文第 3 自然段。

师：谁能说说小熊为什么乐坏了？（指生回答）

师：同学们通过自己的努力，把第 2、3 自然段读得那么好！相信 4、5 自然段，你们会读得更棒！自己先练一练吧！（学生练读 4、5 自然段）

师：这次推荐我们班读课文最棒的同学来读给大家听。（指名读）

师：漂呀漂的纸船和飘呀飘的风筝让他俩成了好朋友。可是有一天，他俩因为一点小事吵了一架，山顶上再也看不见飘荡的风筝、小溪里再也看不见漂流的纸船了。

师：同学们，此时你们的心情怎样？试着读一读，把你的这种感受读出来。

【设计意图：要求学生带着自己的感受去朗读，随着情感的表达，语言也积淀在学生的内心深处，最终这些语言会变成学生自己的语言。】

师：过了几天，又怎么样了呢？读读课文最后的两个自然段。

师：此时松鼠是什么心情？带着你的体会再来读一读。

【设计意图：这部分的处理是以读代讲，教师引导学生读出自己的感悟。通过朗读，让学生有所感触，读出自己的感受和体验。】

（四）启发想象

师：当小熊看到一只只纸船向他漂来时会有何举动？（指生回答）（课件出现风筝满天，纸船满溪的画面）

七、分享收获，升华情感

师：学了这个故事，你想对他们说什么？（指生回答）

（课件出示："拥有朋友，一生幸福"）

【设计意图：对文本的价值取向，是让学生对小动物说点什么，让学生有机会把自己体会到的用与小动物对话的形式表达出来。既是情感的升华，又是语言的表达，达到了语文学习的目标。】

八、作业设计，发表想法

1. 把故事画在纸上。

2. 如果你跟好朋友吵架了，你会想什么办法与对方和好？

板书设计

纸船和风筝

拥有朋友　一生幸福

独立思考　敢于尝试

——《小马过河》教学设计

庄玉芳

教学目标

1. 通过读故事，明白其中的道理。
2. 指导学生正确、流利、有感情地朗读课文。

教学重难点

通过感情朗读课文，理解做事情要动脑筋，要自己去试试，才能解决问题。

教学过程

一、谈话导入

师：同学们，今天老师邀请了一位新朋友——"小马"来到我们的课堂，今天它要给我们讲一个故事。（板书课题：小马过河）看到这个题目，你想知道什么？（指生回答）

【设计意图：通过"看到课题，你想知道什么"这个开放性问题，引导学生对故事内容进行大胆猜想。】

二、新课学习

（一）初读课文，整体感知

师：请大家自由读课文，读准字音，边读边想：小马为什么要过河？它是怎样过河的？最后过河了吗？

（二）感受小马的乐意

师：小马愿意去帮妈妈做这件事吗？你从哪里知道的？（生回答）

（三）了解小马的困难

师：小马驮着麦子、唱着歌儿往磨坊走去，可是，它怎么停下来了？小马遇到了什么困难？自由读3、4段。

1. 小马遇到了什么困难？它是怎么想的？（指生回答）

师：你在生活中有没有遇到过让你"为难"的事，请你说一说。（指生回答）

2. 正在小马觉得为难的时候，它遇到了谁？（指生回答）老牛觉得小马能过河吗？为什么呀？（指生回答）（板书：很浅）

师：谁来黑板上指出"刚没小腿"在哪里？

师：河水刚没老牛的小腿，所以老牛觉得过河是件很容易的事，所以他对小马说时，说得多轻松啊！你能像老牛一样读读这个句子吗？（指生读）

师：听了老牛的话，小马是怎样做的？快读一读。

师：你能给"立刻"换个词吗？这句话该怎样读呢？（指生读）

师：老牛觉得小马能过河，可是有人不同意，你知道是谁吗？它为什么不同意小马过河？（板书：很深）

师：松鼠的伙伴就淹死就在这条小河里，他眼看着小马就要下河，准备趟过去，这时候松鼠的心情怎样？（指生回答）

师：听了松鼠的话，小马有什么反应？他为什么会感到很吃惊？（指生回答）

师：为什么他们会有不一样的意见呢？你能动脑筋告诉小马吗？（指生回答）

师：可是小马动脑筋了吗？他是怎么做的？

（四）知道妈妈的鼓励

师：小马回到了家里，妈妈是怎么对他说的？请大家读第5段。

师：妈妈为什么就这么放心地让小马去试一试？小马会有危险吗？请同桌互相读第6段。

师：小马听了妈妈的话后，真的去试了试，结果和老牛、松鼠说的一样吗？你知道是什么原因吗？（指生回答）

引导学生观察图片，让学生了解老牛、小马和松鼠三者间的高矮关系。

师：展开想象，说一说：小马过河后会说些什么？（指生回答）

【设计意图：本环节让学生有机会把自己的体会大胆表达出来。这既是情感的升华，又是语言的表达，达到了语文学习的目标。】

三、总结延伸

师：你在生活中有没有自己动手试一试，解决你遇到的困难？

小组交流谈论得出：我们在生活中遇到让我们为难的事的时候，不能只听别人说得对不对，要动脑筋想一想，有的时候还要在长辈的指导下，亲自动手去试一试，这样才能把难题解决，把事情做好。

【设计意图：本环节通过联系生活实际，让学生谈谈发生在自己身边的事情。言已尽而意无穷。】

四、作业设计，发表想法

1. 你尝试做过什么事情？说一说。

板书设计

小马过河

老牛　很浅

松鼠　很深

妈妈　试一试

坚持自己　学会思考

——《大象的耳朵》教学设计

庄玉芳

教学目标

1. 会认"似、耷"等10个生字,会写"扇、慢"等8个生字,掌握"似、扇"2个多音字。

2. 正确、流利有感情地朗读课文,注意读好文中的问句。

3. 知道大象的想法是怎样改变的,明白文中的道理。

教学重点

1. 能正确、流利、有感情地朗读课文,了解课文的主要内容。

2. 理解"人家是人家,我是我"的意义,懂得其中的道理。

教学难点

引导学生抓住课文的重点词语,理解大象想法的转变过程。

教学课时

2课时

教学过程

◎ 第一课时 ◎

一、猜谜导入,直入主题

课件出示谜语:耳朵像蒲扇,身子像小山,鼻子长又长,帮人把活干。(打一动物)

师：同学们真聪明，这个动物就是大象。今天我们要学习的新课文，讲的就是《大象的耳朵》。（板书课题：大象的耳朵）

【设计意图：谜语有趣又好玩，符合低年级学生的特点。】

二、自读课文，学习生字

师：请大家自由读课文，用你喜欢的符号标出本课的生字、词语，读准字音，不熟练的地方多读几遍。

师：小组内可以采用"合作识字"的方法来进行"互读、互听、正音"。

师：看，你是怎么记住这些词语的？小组讨论交流一下，待会我们请小组来汇报。

小组汇报识字方法：

（多音字：扇：shān 扇动　shàn 风扇；图片识字：竖、竿、撑、舞；与生活体验结合识字：痛、烦、奔。）

【设计意图：本环节通过采用多种形式帮助学生认读生字和词语，为学习课文打下良好的基础。】

三、初读课文，感知内容

师：请同学们默读课文，想想课文主要讲了一件什么事？（指生回答）

师：请同桌互读课文，注意读好问句。

师：读了课文，你有不懂的问题要提出来吗？（指生回答）

【设计意图：本环节通过初读课文，带领学生初步感知故事内容，也鼓励学生要敢于质疑，大胆提出自己不懂的问题。】

四、指导写字，展示交流

师：同学们，这是本课"我会写"中的生字。请你仔细观察生字的特征，说说你有什么记住这些字的好办法？

教师范写难点字，强调重点笔画。如：

遇：半包围结构，笔顺是，"走之底"是三画，右边的笔顺要记清。

最："耳"的首横要写长点，盖住"又"字，末笔横改提。

学生练写，共同评议。优秀作业展示。

【设计意图：本环节通过多种方法引导学生识字、写字，培养学生从小写好每一个字的好习惯。】

五、作业设计，录制视频

1.请把故事内容讲给亲朋好友听，并录制一个讲故事小视频。

板书设计

大象的耳朵

主要内容：大象为了让自己的耳朵竖起来的故事。

◉ 第二课时 ◉

教学目标

1.正确、流利、有感情地朗读课文。
2.知道大象的想法是怎样改变的，明白其中的道理。

教学重点

理解"人家是人家，我是我"的意义，懂得其中的道理。

教学难点

引导学生抓住课文的重点词语，理解大象想法的转变过程。

教学过程

一、复习导入

师：上节课我们学习了《大象的耳朵》，谁能来说说大象的耳朵是什么样子的？大象的耳朵会有哪些作用？（指生回答）

【设计意图：本环节通过回顾上节课学过的内容，了解大象耳朵的外形和作用，直接进入课文的学习。】

二、学习课文

师：请大家自由朗读课文，边读边标出课文共有几个自然段。

（一）了解外形

师：请大家指读第一自然段。说说你知道了什么？（生回答）

师：谁能练习说句子？（生回答）

课件出示：

大象有一对大耳朵，像扇子似的耷拉着。

_____ 有 _____ 耳朵，像 _____。

（二）知道作用

师：动物们的耳朵多种多样，功能也不同。那么大象的耳朵会有什么作用呢？我们来看一看。

师：我们来分角色朗读课文第 2——8 自然段，看看谁读得最好。

师：想一想这几个自然段一共出现哪些动物？（生回答）

师：这几个自然段讲了一件什么事情？（生回答）

师：第 8 自然段中的"自言自语"是什么意思？谁来表演这一段？（生表演）

师：你觉得大象的耳朵有毛病了吗？有必要把耳朵竖起来了吗？请同学来分段朗读第 9–13 段。

师：大象是怎样让耳朵竖起来的？（生回答）

师：同学们想一想，这样做好吗？会舒服吗？你是从哪里知道的？（生回答）

师：那么，现在，你觉得大象应不应该把耳朵竖起来？（生回答）是的，不应该，因为大象的大耳朵耷拉着，是起到保护作用的。起到了哪些保护作用呢？我们一起来读第 12 自然段。（生回答）

师：从第 13 自然段中，你知道大象为什么说"人家是人家，我是我"了吗？结合自己的体会来谈一谈。（生回答）

【设计意图：本环节通过学习课文内容，帮助学生了解大象耳朵的外形、作用及大象的做法，引导学生正确理解"人家是人家，我是我"的意思，并能结合生活实际来谈体会。】

三、简要小结

师：学习了这篇课文，你有什么收获？（生回答）

四、作业设计

1.课外搜集你最喜欢的小动物的耳朵作用。

板书设计

大象的耳朵

耷拉着

人家是人家，我是我

虫子飞不进来

迎难而上 坚持不懈

——《蜘蛛开店》教学设计

贾绍春

教学目标

1. 初读课文，会认"店、蹲、寂、寞"等16个生字，会写"店、决、定"等9个生字，会写"飞虫、决定、商店、木屋、围巾、星期"等词语。

2. 学会正确、流利、有感情地朗读课文，了解课文的主要内容。

3. 通过学习课文，让学生了解蜘蛛开了三次店，让学生体会生活中的事情并非都是一帆风顺的。

4. 通过学习，培养学生迎难而上、不退缩的美好品质。

教学重难点

通过学习课文的字、词、句，让学生了解蜘蛛开了三次店，让学生体会生活中的事情并非都是一帆风顺的。

教学课时

2课时

⦿ **第一课时** ⦿

教学目标

1. 初读课文，会认生字，会写生字，会写词语。

2. 学生正确、流利、有感情地朗读课文，了解课文的主要内容。

教学过程

一、谈话激趣，揭题导入

师：同学们，你们见过蜘蛛开店吗？有一只蜘蛛，它闲得没事做，就开了一家店。大家猜猜，蜘蛛的店会卖些什么呢？为什么？（学生自由交流）

师：蜘蛛究竟开店卖什么呢？让我们一起来看看吧！揭示课题：蜘蛛开店。

【设计意图：本环节通过谈话导入，激发学生对课文内容的兴趣。】

二、初读课文，检查预习

（一）根据要求朗读课文

师：请同学们自由朗读课文，要求：

1. 自由读课文，圈出不会的生字或不理解的词语，等着全班交流。

2. 遇到不会读的句子，可以请教老师或同桌。

3. 请用波浪线划出你喜欢的句子。

（二）检查预习情况

1. 开火车读课文，每位同学读一个自然段。

2. 出示本课生字，请学生读一读。

3. 小组内进行识字方法的交流，请学生代表来汇报。

4. 老师根据学生的汇报，总结识字方法：

（1）根据字形识字："蹲、趴"都是足字旁，都与脚有关，它们都表示一种动作。

（2）根据词语识字："寂寞、蜈蚣"都是词语。

（3）换偏旁识字：编——遍、篇　颈——项

（4）加偏旁识字：店——踮　夫——肤、扶

（5）多音字识字：露 lù　露 lòu

师：现在请同桌之间互相玩"我指你认"和"你指我认"的游戏，看看大家的生字掌握好了吗？

师：现在生字宝宝把自己的拼音帽子脱了，你还认识吗？（生读）

师：生字宝宝偷偷地躲进词语中，跟我们玩捉迷藏呢。你能抓住它们吗？（生读）

师：请大家带着刚学过的生字，读读课文，看谁读得既通顺又流利。（生读）

【设计意图：本环节通过让学生自由朗读课文，采用多种形式来检查学生的预习情况。】

三、再读课文，了解内容

师：请同学们齐读课文并思考：课文主要讲了一件什么事？（生说）

师：请同学们再读课文，领悟课文的主要内容。

【设计意图：本环节通过采用小组交流的形式，引导学生概括出课文的主要内容。】

四、书写指导，写好生字

（一）观察生字

师：请同学们观察要求写的 9 个生字，看看哪些生字在写的时候，应该提醒同学们注意？（学生自由发表看法）

（二）分类指导

教师分类指导书写，如：

1. "宀"和"广"字头的字的书写，都要将中间部分包围住。如："店、定、完"。

2. 左右结构的字："决、织、终、期"，基本都遵循"左窄右宽"的原则。

3. 上下结构的字："商"，应遵循"上宽下窄"的原则。

4. 全包围的字："围"，全包围的字在书写时要注意"先中间，最后封口"。

（三）学生描红

学生描红，老师巡视指导。

【设计意图：本环节通过多种形式，指导学生认真书写，养成"提笔即练字"的好习惯。】

五、作业设计，学会概括

1. 将课文读通顺，读流利。

2. 请用自己的话来介绍故事内容。

板书设计

蜘蛛开店

口罩　围巾　袜子

◉ 第二课时 ◉

教学目标

1. 通过学习课文的字、词、句，让学生了解蜘蛛开了三次店："口罩店、围巾店、袜子店"，让学生体会生活中的事情并非都是一帆风顺的。

2. 通过学习，培养学生迎难而上、不退缩的美好品质。

教学过程

一、当堂听写，复习引入

课件出示本课生字新词。

师：请同学们自由认读这些生字新词，等下我们进行当堂听写。

当堂听写：飞虫、决定、商店、木屋、围巾、星期

师：今天我们来继续学习《蜘蛛开店》，看看发生在蜘蛛身上的事情。

【设计意图：本环节通过当堂听写，及时检测学生对词语的掌握情况。】

二、初读课文，领会困难

（一）小组讨论解决问题

师：请大家自由读课文，分小组讨论：

1. 找一找蜘蛛都开了哪些店？

2. 蜘蛛开的每一个店铺都迎来了哪些不同的顾客？

3. 这三个顾客各有什么特点？它们要求蜘蛛给它编织什么？蜘蛛编织了多长时间？

4. 想一想，蜘蛛看到哪位顾客来了就吓得匆忙跑回网上？为什么蜘蛛会被吓到？

5. 读了这个故事，你有什么感受？

（二）小组交流汇报结果

学生分小组交流汇报：

1. 蜘蛛依次开了：口罩编织店、围巾编织店、袜子编织店。

2. 蜘蛛开的每一个店铺都迎来了不同的顾客，都迎来了河马、长颈鹿和蜈蚣三位顾客。

3. 蜘蛛开口罩编织店时，来了河马。河马的特点——嘴巴长，所以编织的口罩比较大，而且也费力、费材料。蜘蛛整整用了一天的工夫。

在开围巾编织店的时候，迎来了长颈鹿。长颈鹿的特点——脖子特别长。蜘蛛足足忙了一个星期才织好长颈鹿的围巾。

在开袜子编织店的时候，迎来了蜈蚣。蜈蚣的特点——有四十二只脚。蜘蛛被吓跑了。

4. 蜘蛛看到顾客蜈蚣后，吓得跑回了网上。

从蜈蚣的四十二只脚可知，蜘蛛要给蜈蚣织多少只袜子啊！所以才会把蜘蛛吓跑。

5. 预设生回答：

生：蜘蛛三次开店都失败，说明创业不是那么容易的事。

生：蜘蛛开店，一遇到困难就退缩了。

生：蜘蛛很倒霉，每次开店都遇到了最难伺候的顾客……

【设计意图：本环节通过让学生采用小组合作的方式来自主解决课文问题，充分做到了把课堂交还给学生，体现学生的主体地位。】

三、再读课文，升华感情

师：蜘蛛三次开的店都是编织店，你知道蜘蛛为什么要开编织店吗？（生答）

师：请你再读课文，说一说：你喜欢这样的蜘蛛吗？为什么？（小组交流）

小组交流后得出：蜘蛛遇到困难就退缩，我们应该学会迎难而上，而不是一味退缩。

【设计意图：本环节通过让学生再读课文，在读中得出自己的感悟，读出自己的想法。】

四、拓展延伸，发散思维

师：如果蜘蛛还要继续开店，那接下来它会开什么店呢？照课文的发展节奏，它又会迎来怎样的顾客？请你想一想，说一说。（学生自由汇报）。

教师根据学生的汇报，点评表扬。

【设计意图：本环节通过让学生当堂续编故事，提供给学生自由发挥合理想象的平台。】

五、作业设计，拓宽阅读面

1.将《蜘蛛开店》这个故事讲给家长听。

2.续编《蜘蛛开店》这个童话故事。

3.阅读有趣的童话故事，拓宽学生的阅读面。

板书设计

蜘蛛开店

连开三店

失败告终

不悲观 不放弃

——《小毛虫》教学设计

庄玉芳

教学目标

1. 正确认读"昆、怜"等16个生字；正确书写"整、抽"等8个生字。

2. 正确朗读课文，理解并积累"生机勃勃、尽心竭力"等词语。

3. 能运用"展开想象、抓住关键词句"等方法理解课文内容。

4. 懂得在任何时候都不能悲观失望，要尽心竭力做好自己的事的道理。

教学重难点

1. 正确读文，识记、书写生字。

2. 能通过有关词句，讲述故事，并懂得其中的道理。

教学过程

一、观看图片，引入课题

出示各种蝴蝶图片

师：春天来了，同学们，你们看到了什么？（生答）

课件出示：

美丽的蝴蝶有一对轻盈的翅膀，上面布满色彩斑斓的花纹。

师：今天我们要学习一篇跟蝴蝶成长经历有关的课文。教师板书课题。

（齐读课题）

【设计意图：各种美丽的蝴蝶图片给学生带来了美好的视觉冲击，优美的句子让学生读起来富有美感。】

二、初读课文，整体感知

师：请大家自由朗读课文，借助拼音读准字音，做到不加字、不漏字、不改字。

师：现在请几位同学来接龙读课文，看看他们把课文读通顺了吗？（师随机纠正读音）

师：请同桌齐读课文，互相检查读音。

师：读了课文，你觉得这是一条怎么样的小毛虫？

出示：（　　　　）的小毛虫

交流反馈。

【设计意图：在朗读课文的过程中，让学生学会概括小毛虫的特点。】

三、研读段落，体会理解

（一）感受小毛虫的可怜、笨拙

师：请大家自由读文，边读边思考：你为什么觉得小毛虫既可怜又笨拙呢？（生回答）

课件出示：

只有它，这个可怜的小毛虫，既不会唱，也不会跑，更不会飞。

师：从这个句子中的什么地方可以看出它很可怜？（生回答）

动画演示：大大小小的昆虫又是唱，又是跳，跑的跑，飞的飞……到处生机勃勃。

师：谁可以照样子说句子？（生回答）

师：请看图片展示的内容，谁能说说"生机勃勃"的意思？（生回答）

师：请大家再看这个句子，我们一起来合作读一读。

课件出示：

小毛虫费了九牛二虎之力，才挪动了一点点。当它笨拙地从一片叶子爬到另一片叶子上时，它觉得自己仿佛周游了整个世界。

师：你们从哪里可以看出小毛虫的"笨拙"？（生回答）

（二）感受小毛虫的尽心竭力

师：小毛虫这么笨拙，这么可怜，但它又是怎么想、怎么做的呢？请同学们默读第3、4自然段，找出答案吧。

学生汇报后得出：

1. 想：每个人都有自己该做的事情。眼前最要紧的是学会抽丝纺织，为自己编织一间牢固的茧屋。

2. 做：一刻也没有迟疑，尽心竭力。

师：现在，你觉得这是一条怎么样的小毛虫？（生回答）

师：请大家自由读第5、6自然段，想想"与世隔绝"是什么意思？（生回答）

课件出示：

万事万物都有自己的规律！

师：这是怎样的规律？小毛虫耐心等待会有怎样的结果？请看动画演示。

动画演示：小毛虫破茧而出，变成蝴蝶。

师：现在请大家自由读第7自然段，画出小毛虫变成蝴蝶后的样子。

课件出示：

它灵巧地从茧子里挣脱出来，惊奇地发现自己身上生出了一对轻盈的翅膀，上面布满色彩斑斓的花纹。

师：我们配上音乐，美美地读一读这句话吧。

师：小毛虫之前的样子和现在的样子截然不同，小毛虫为什么会有这样的变化？（生回答）

师：你能借助下面的提示，讲一讲小毛虫是怎样变成蝴蝶的吗？（生回答）

师：当小毛虫不如别人时，没有悲观失望，而是尽心竭力地做好自己的事情，才能破茧成蝶。你能说说还有谁也是这样的吗？（生答）

【设计意图：在学习课文的过程中，借助"文段、动画、配乐"等手段，引导学生体会小毛虫的可怜、笨拙和尽心竭力。】

四、总结全文，拓展延伸

师：学习了这篇课文，你懂得了什么？（生答）

五、精心设计，加深认知

1. 课外搜集，了解小毛虫变成蝴蝶需要多长时间？制作一张"蝴蝶成长时间表"。

2. 用上"可怜笨拙、尽心竭力、灵巧轻盈"等关键词来介绍故事内容。

板书设计

小毛虫（笨拙）

小毛虫不悲观不失望尽心竭力

蝴蝶（灵巧轻盈）

每个人都有自己该做的事情

万事万物都有自己的规律

智慧碰撞出火花

——《乌鸦喝水》教学设计

陈圣文

【教学目标】

1. 喜欢动脑探索，尝试用多种方法乌鸦喝到水。

2. 引发扩散性思维，能在同伴面前大胆表述自己的想法，有良好的倾听习惯，并尝试仿编故事。

【教学准备】

《乌鸦喝水》的教学课件

【教学过程】

一、出示图片，导入新课

师：小朋友们，一只乌鸦口渴想喝水，请你观察图片猜猜它是如何喝到水的？（白板聚光效果出示乌鸦图片）

【设计意图：布鲁纳说过："学习的最好刺激，乃是对所学材料的兴趣"。在日常学习中，学生对某一事物有了兴趣，他就会愿意接近它，并且态度积极，久而不厌，心情愉快地学习。有了兴趣，学生就会自觉地投入到活动中，并在活动过程中收到事半功倍的效果。活动的一开始，我使用"聚光灯"，孩子们的眼球马上被吸引过来了，集中了孩子的注意力。如此激趣导入，极大地调动了学生学习的积极性。】

二、视听结合，走进故事

活动一：欣赏动画，感知故事

（1）边播放故事《乌鸦喝水》动画，教师边讲述故事内容。

（2）运用白板荧光笔圈出又窄又小的瓶口。

【设计意图：一年级好奇心强，仍处于具体形象思维阶段，对新生事物有着天生的亲近感。多媒体课件往往以色彩艳丽、形象生动的画面吸引学生。让学生看动画，听故事，自然地增加了教学的魅力，激发了学生的学习兴趣，使学生能更快更好的进入学习意境，易于学生更好更快地掌握知识，同时也符合学生年龄的认知特点。荧光笔的运用也能帮助学生更好地理解"又窄又小"。】

活动二：通过提问，感悟乌鸦

（1）一开始乌鸦为什么喝不到水？

（2）乌鸦想了哪些办法才喝到水了？

（3）这只乌鸦遇到了困难会想办法、爱动脑筋，你们说它是一只怎样的乌鸦呀？（聪明、爱动脑筋）

【设计意图：学生的学习需要在学生和教师之间建立一种积极有效的互动。在互动过程中，教师要以伙伴、朋友的身份参与到活动中，借助开放性的问题，与学生互动，支持和促进他们的学习。这三个问题的提出，不仅能帮学生巩固故事内容，同时这三个层层递进的问题还能引发学生关于乌鸦的思考，调动学生学当乌鸦的积极性。】

过渡：你们喜欢这只爱动脑筋的乌鸦吗？那也让我们当当聪明的乌鸦，来商量商量除了放小石子、用芦苇当吸管，还有什么可以帮助乌鸦喝到水。

三、探索发现，拓展延伸

活动三：开动脑筋，学当乌鸦

（1）小组合作，商量办法。

（2）在合作讨论的基础上，再请小组交流。

过渡：我们小朋友真棒！想的办法真好！我们再来看看小乌鸦又想了哪些办法？

（3）视频出示乌鸦又想到的办法并交流。

【设计意图：《纲要》中指出：在活动中应引导学生积极参加小组讨论、探索等活动，培养学生合作学习的意识和能力。一年级学生已初步有了合作意识，这里创设了一个让学生学习合作想办法的机会。同时，由于学生已有生活经验的缺乏，合作商量的这个问题也是本活动的一个难点。为了突破这个难点，我又出示了乌鸦想到的办法视频，去丰富学生的学习积累。】

活动四：结合图片，仿编故事

过渡：我们的小朋友和小乌鸦一样爱动脑筋，很聪明！你们瞧，乌鸦用想的好办法每次都能喝到水呢！你喜欢哪一种办法呢？挑你喜欢的一种，学着刚才听到的故事，再编个《乌鸦喝水》的故事吧！先说给你的同伴听听！

（1）学生看图自由仿编故事。

（2）请个别学生交流。

【设计意图：苏霍姆林曾说过"幼儿的智慧是从指尖流出来的"。在活动中我提供给学生充分想象的空间和图片，为儿童提供足够的选择机会，以满足不同学生的需要。此环节引导学生借助图片合理地发展故事情节、仿编完故事的创造性讲述活动，对学生想象力、思维能力、口语表达能力的发展有一定的促进作用。】

四、课堂总结，揭示道理

师：我们编的故事真棒！今天我们不但发现了一只聪明的小乌鸦，还发现了许多聪明能干的孩子！故事告诉我们遇事要多思考。

板书设计

乌鸦喝水

口渴　喝水

爱动脑

走在四季的路上

——《小蜗牛》教学设计

杨惠燕

教学目标

1. 结合插图，正确、流利地朗读课文，读懂课文，培养观察图的能力。
2. 认识蜗牛，了解蜗牛的特点和生活习性。
3. 感受四季的奇妙变化与特点，珍惜大自然馈赠给我们的礼物。

教学过程

一、复习巩固，导入新课

1. 认读生字新词。指名读、齐读。
2. 学生看图复述小蜗牛和蜗牛妈妈的第一次对话。
3. 小蜗牛又看到的是什么季节的景象呢？让我们快到课文中去找找吧！

【设计意图：通过认读卡片、说出自己识记生字的方法，并利用图画复述课文，帮助学生巩固上节课所学的知识。接着提出新的问题，激起学生的学习兴趣，为本节课的学习做好铺垫。】

二、自主学习，感受四季特点

1. 自然过渡，学习第二次对话。

谁知道小蜗牛接着看到的是什么季节的景象？请同学们读一读小蜗牛和蜗牛妈妈的第二次对话。你是从哪句话知道是夏天的，用横线画出来。

出示第二次对话内容：

蜗牛妈妈说："哦，已经是夏天了！快去摘几颗草莓回来。"

小蜗牛爬呀，爬呀，好久才爬回来。它说："妈妈，草莓没有了，地上长着蘑菇，树叶全变黄了。"

（1）这部分是谁说的？请你读一读。你能用妈妈对孩子说话的语气来读一读这部分吗？

（2）理解"已经"一词，用"已经"说一句话。

预设：我已经是一名小学生了。我已经吃完早饭了。

（指导朗读蜗牛妈妈的话，注意重读"已经"这个词。）

（3）从蜗牛妈妈的这句话中你还知道了什么？

预设：蜗牛妈妈让小蜗牛去摘几颗草莓。

蜗牛妈妈让小蜗牛快去摘几颗草莓。

（4）小组交流：小蜗牛摘到草莓了吗？为什么？它又看到了什么？

预设：小蜗牛没摘到草莓，因为草莓没有了，它看到了树叶黄了，地上长着蘑菇。

（5）指名全班交流。

（6）指导朗读第二次对话。注意读出小蜗牛和蜗牛妈妈的不同语气。

①自由练读。

②指名朗读。

③分角色朗读。

2. 自主学习第三次对话。

蜗牛妈妈让小蜗牛去摘草莓，可它没摘到，这是为什么呢？下面请同学们小组合作，自学第三次对话。

（1）出示自学提示：

①小蜗牛和蜗牛妈妈的这次对话与前两次有什么不同？

②用横线画出蜗牛妈妈让小蜗牛干什么的句子。

③用波浪线画出小蜗牛说的话，多读几遍，说一说你知道了什么。

④从最后一个自然段中你读懂了什么？

（2）小组之间交流，教师巡视。

（3）指名交流。

【设计意图：本环节设计了"由扶到放"的自主学习的教学模式，使学生独立感受文本内容，并逐步学会自学，此时，教师已成为探究活动中的促进者，始终给学生以层层推进、引人入胜之感，让学生有不断探索、追求真知之动力。】

三、角色朗读，情境再现

1. 三人小组合作分角色练读。

提示：注意角色分配（一人读旁白、一人扮演小蜗牛、一人扮演蜗牛妈妈）。

2. 指名分角色朗读。

3. 评选出最佳选手。

【设计意图：轻松、有趣的分角色朗读会让学习变得情趣盎然、生动活泼。本环节的设计意在通过分角色朗读，帮助学生加深对课文的理解，进一步感受小蜗牛和蜗牛妈妈的心理活动。】

四、仿照课文，练习对话

导语：同学们，这篇课文通过小蜗牛和蜗牛妈妈的三次对话，向我们介绍了一年四季的不同景色，你能用对话的方式来介绍一下你眼中的四季吗？

小黑板提示：

_____ 对 _____ 说："_____。已经是春天了！"

_____ 对 _____ 说："_____。已经是夏天了！"

_____ 对 _____ 说："_____。已经是秋天了！"

_____ 对 _____ 说："_____。已经是冬天了！"

1. 学生小组讨论，教师相机指导。

2. 指名说一说，师生评议。

【设计意图：《语文课程标准》中强调："应该让学生更多地直接接触语文材料，在大量的语文实践中体会、掌握运用语文的规律。"在低年级阅读教学中，应不失时机地对学生进行口语训练，培养学生的口头表达能力。本环节通过让学生模仿课文对话练习自己眼中的四季，让学生学会在生活中运用对话。】

五、课堂总结

《小蜗牛》这篇课文告诉我们四季的变化，大自然是多么奇妙呀！

六、作业设计

1. 续写故事《小蜗牛》。

板书设计

小蜗牛

春天	小树发芽		
夏天	树上长绿叶	地上长草莓	
秋天	树叶变黄	地上长蘑菇	草莓没有了
冬天	树叶掉光了	蘑菇没有了	地上盖着雪

互帮互助

——《小公鸡和小鸭子》教学设计

杨惠燕

教学目标

1. 在初读课文的基础上，逐步达到正确、流利、有感情地朗读课文。
2. 了解小公鸡和小鸭子的不同生活习性。
3. 通过课文的学习和课外阅读，感受小伙伴之间互相帮助的美好情感。

教学准备

1. 制作多媒体课件。（教师）
2. 观察小公鸡和小鸭子的样子。（学生）

教学过程

一、图片引入，初识文本

1. 谈话引入：（课件出示小公鸡和小鸭子图片）小朋友们，今天我们课堂上来了两只可爱的小动物，你们认识吗？（小公鸡和小鸭子）（贴图）

2. 仔细观察图片，你发现了什么？（小公鸡的嘴是尖尖的，脚是分开的。小鸭子的嘴是扁扁的，脚相连的。）

同学们观察得真仔细，小公鸡和小鸭子各自不同的特点，让它们发生了不少有趣的故事。让我们一起走进它们的生活中吧！（继续板书：和）"和"表示事情发生在小公鸡和小鸭子之间。那么，小公鸡是怎样对待小鸭子的？小鸭子又是怎样对待小公鸡的？那么小公鸡和小鸭子之间会发生怎样的故事呢？

【设计意图：从两张图片入手，更直观，也拉近了小公鸡和小鸭子与孩子们的距离，让孩子的兴奋点一下子提高了。】

二、初读课文，走进文本

打开书本第 29 页。

（课件出示）初读课文，要求：

1. 借助拼音，正确、流利地朗读课文。

2. 想一想：小公鸡和小鸭子有什么特长？

3. 他们是怎么互相帮助的？

三、细读课文，深入文本

（一）学习第一自然段

1. 老师范读第 1 自然段，指导读好儿化音"一块儿"。

2. 你知道了什么？

3. 书中用的"一块儿"还可以怎么说？（一同，一起）

不同的词语可以表达相同的意思，我们也要学会这样去表达。

（二）学习第二自然段

1. 指名读课文，大家思考问题。

（课件出示）

（1）小公鸡和小鸭子来到什么地方？

（2）他们一块儿做什么？

（3）谁帮助谁干什么？

2. 小公鸡捉到了很多虫子，心情怎样？（高兴极了。）

指导朗读，"小公鸡找到了许多虫子，吃得很欢"。读出高兴的心情。

3. 小鸭子为什么捉不到虫子？（小鸭子的嘴是扁扁的，脚有蹼连着，不容易捉到虫子。）想象：小鸭子捉不到虫子，会有怎样的心情？指导朗读"小鸭子捉不到虫子，急得直哭。"

4. 想象对话：小公鸡捉虫子给小鸭子吃，小鸭子会说些什么呢？

5. 齐读第 2 自然段。

（三）同法学习第三、四自然段

（课件出示）学习方法：

（1）小公鸡和小鸭子来到了什么地方？

（2）他们之间发生了什么事情？

1. 小组自由学习。

2. 汇报学习情况。（设计理念：教给学生学习方法，从而慢慢放手让学生去掌握学习方法，达到"教是为了不教"的目的。）

3. 教师指导学生分角色朗读第 3 自然段。如：小鸭子说："不行，不行，你不会游泳，会淹死的！"指导学生读出着急的语气。

（1）男、女生分角色朗读。

（2）小组分角色朗读，请各小组长进行角色分配。

（3）小组长推荐优秀学生上台表演。

对上台表演的孩子进行评价。

（过渡：小公鸡偷偷下水后，结果怎样？）

小公鸡遇到危险喊救命，小鸭子怎么做的？

4. 比较句子。读一读，比一比。

句1：小鸭子游到小公鸡身边。

句2：小鸭子飞快地游到小公鸡身边。

两句读完后，你的感受一样吗？你从加点字中读到了什么？（小鸭子奋力地游，速度很快，他很着急。）

（1）让我们一起来做这样一只奋力的小鸭子（指名一个学生读）。

（2）让我们一起来做这样一只急切的小鸭子（指名一个小组读）。

（3）让我们一起来做这样一只为了朋友不顾自己安危的小鸭子（全班同学一起站起来读）

【设计意图：通过"飞快地"这个词语体会句子的形象性。小公鸡的不听劝告导致了后面的危险，从"飞快地"感受到好朋友遇到危险的那种急切和迫切。用朗读来体会小公鸡和小鸭子之间的这种友情。】

5. 想象对话：小公鸡被小鸭子救了以后，心里会怎么想？他会对小鸭子说什么？小鸭子又会对小公鸡说什么？

四、总结课文，深化主题

（课件出示）说一说：

这是一只（　　　）的小公鸡。

这是一只（　　　）的小鸭子。

五、绘本阅读，延伸主题

《好朋友》看到题目，你想到了什么？（主人公是谁，他们怎么成为好朋友的，他们之间发生了什么有趣的故事……）

故事大概内容：小猪波波，小老鼠强强和公鸡咕咕是好朋友，它们认为好朋友是永远不分开的。

每天早上，公鸡咕咕要负责叫醒农庄里的动物，小老鼠强强和小猪波波都会在一旁帮忙。因为，好朋友总是互相帮忙。然后，他们会骑上脚踏车去兜风：公鸡扶车把，小老鼠和小猪一左一右去踩脚踏板；它们相互合作划一只小船：小老鼠强强掌舵，公鸡咕咕张开翅膀，扬起了帆，小猪波波充当软木塞，堵住了船底的破洞；它们搭了一个"人梯"去摘树上的樱桃，"人梯"从下到上依次是小老鼠，公鸡和小猪。

它们发誓要做一辈子的朋友，因为好朋友是永远不分离的，可是，它们最后还是分开了……但，三个好朋友又相聚在美梦里。

（绘本主题：它们互相关心合作，它们在一起时开心，它们即使分离了，也很快乐）

【设计意图：《好朋友》的绘本阅读极大的填补了本课的友谊、快乐、相互帮助的主题教育，更添加了合作，理解，公平……的教育，孩子们听来更是津津有味。好阅读，好人生！】

六、课堂总结

这是一对好朋友，我们在平时学习生活中，也要和其他同学互相帮助，团结友爱。

七、布置作业

1.创编故事《小公鸡和小鸭子》。

板书设计

小公鸡和小鸭子

乐于助人

感恩

团结友爱

陪伴的力量

——《树和喜鹊》教学设计

杨惠燕

教学目标

1. 能正确、流利地朗读课文。

2. 了解课文内容，感受邻居与朋友的重要性，培养学生间互助友爱的精神和合作意识。

教学准备

1.（1）课文朗读动漫。（2）教学辅助课件。（教师）

2. 学唱歌曲《找朋友》。（学生）

教学过程

一、创设情境，学习课文

从前有一棵树和一只喜鹊很孤单，后来它们很快乐，为什么呢？我们一起走进《树和喜鹊》。

二、品读词句，感悟内涵

1. 轻声自由朗读第 1、2 自然段。联系上下文说说什么是孤单，为什么树和喜鹊都很孤单？

2. 你有过这种经历吗？自己一个人，周围没有朋友，也没有家人，当时自己是怎么想的？感觉如何？

3. 有感情地朗读第 1 自然段，读出树和喜鹊的孤单。

4. 出示句子：树很孤单，喜鹊也很孤单。

说说从这个"也"字你感受到了什么。

5. 有感情地朗读这句话。

6. 再读课文，后来树和喜鹊又有了什么变化？（树很快乐，喜鹊也很快乐。）

7. 是什么原因使树和喜鹊变得快乐起来？轻声朗读课文，画出相关句子。

8. 出示句子：树有了邻居，喜鹊也有了邻居。

（1）指导学生理解"邻居"。

说说你的邻居是谁，你和邻居的关系怎样。

（出示：远亲不如近邻。）

（2）他们和邻居怎么相处呢？他们一起做什么？

（喜鹊：每天天一亮……安安静静地睡觉了。）

（3）想象：树会和邻居做什么呢？（一起交谈，讲故事，聊天……）

9. 出示句子：树很快乐，喜鹊也很快乐。

（1）小结："因为 _____，他们再也不 _____，所以树很快乐，喜鹊也很快乐。"

（2）指名朗读句子。

10. 教师小结：是呀，树和喜鹊都有了邻居，他们都有了自己的朋友，再也不孤单了。所以树很快乐，喜鹊也很快乐。我们同学之间每天一起学习、一起活动、一起玩耍，多么快乐呀！

11. 有感情地朗读第5、6自然段。

请同学们坐姿端正，捧起书，认真地朗读课文。

【设计意图：在本环节里，让学生在文字里驻足、细品，不仅有利于学生把握文章的内容，理解文章内涵，还在无声中告诉学生"抓住关键句阅读"这种基本有效的读书方法。】

三、课堂总结

有朋友才会有快乐，有友爱才会有幸福，我们也要做这样的小朋友。

四、布置作业

要求学生在家长帮助下搜集和"有朋友才会有快乐，有友爱才会有幸福"这些内容相关的文章，并自己创编《树和喜鹊》。

【设计意图：从课内延伸到课外，从小培养学生搜集材料、整理知识的好习惯。】

板书设计

树和喜鹊

孤单　　没有朋友

快乐　　有了朋友

语言的魅力

——《动物王国开大会》教学设计

杨惠燕

教学目标

1. 根据儿童的特点为学生创设情境，让学生自读自悟，力求在读中感悟，在读中发现，以读促进理解。

2. 借助课文插图、多媒体课件，以及丰富多彩的学习活动使学生在读童话——品童话——演童话——讲童话中感悟语言的魅力，了解讲话的要领，明确发布通知时要说清时间、地点等要素。

教学准备

1. 课文相关动物、事物图片。

2. 重点句段教学辅助课件。

教学过程

一、激趣导入，趣味复习

复习生字，多媒体出示本课生词，学生开火车认读：动物、狗熊、老虎、一百遍、鬼脸、通知、注意、舌头、准时、第二天、大灰狼、梅花鹿。（将动物名称用红色突出。）

（1）找出这些词语中含有的动物名称，并尝试讲讲这个童话故事。

（2）学生活动：请你边贴词卡，边讲故事。（指一名学生把故事中的动物名称按照出场顺序贴在黑板上。）

老虎——狗熊——狐狸——大灰狼——梅花鹿

【设计意图：检测学生对上节课内容的掌握情况，巩固所学的字词，同时从整体上理清故事情节，为深入学习奠定基础。】

二、围绕插图，品读课文

1. 多媒体出示课文插图一，引问：图上画了什么？它们在说什么呢？学习第 1 ~ 4 自然段。

（1）教师引学：自由读课文第1~4自然段，请你用波浪线画出狗熊说的话，用横线画出狐狸说的话。再和同桌分角色读一读。

（2）出示狗熊和狐狸说的话。（指导朗读，读出狗熊的憨厚和可爱，狐狸的语重心长。）

（3）教师引问：狗熊说的话有什么问题？狐狸说的有道理吗？（狗熊发布通知时没说时间，狐狸提醒了他。）

2. 多媒体出示课文插图二，引问：图上画了谁？猜一猜，狗熊这次能把通知说清楚吗？学习第 5 ~ 10 自然段。

（1）指名分角色朗读第 5 ~ 10 自然段，找出狗熊和大灰狼说的话。

（2）教师导学：和同桌交流一下，这次狗熊的通知说清楚没？动物大会能开成吗？大灰狼说的话对吗？（狗熊没说清楚具体时间，动物大会还是开不成，大灰狼说得有道理。）

（3）小组分角色朗读课文，你想对狗熊说些什么？

3. 多媒体出示课文插图三、四，教师引言：狗熊再次请示"森林之王"老虎，这次发布通知后又遇到了梅花鹿，小朋友们猜猜梅花鹿会对狗熊说些什么。学习第 11 ~ 16 自然段。

（1）同桌轮读第 11 ~ 16 自然段，思考这次的问题出在哪里。（这次狗熊没说清楚地点。）

（2）多媒体出示狗熊说的话，引问：你能帮助狗熊把通知说清楚吗？（学生自主帮助狗熊加上一个表示地点的词语，如：森林公园、森林广场、狗熊家门前等。）

4. 多媒体出示课文插图五，引问：你能用一句话说说图上画了什么吗？动物王国的大会开成了吗？学习第 17~18 自然段。

（1）齐读第 17~18 自然段，你找到狗熊这次发布的通知了吗？算上这一次，狗熊一共发布了几次通知？（四次。）

（2）多媒体对比出示狗熊发布的四次通知。指学生读第四次通知，引问：这一次的通知狗熊说了哪些信息？教师相机板书：时间、地点、人物、事件。

【设计意图：围绕插图将故事分为四个层次进行有序阅读，便于学生把握文章结构，理清脉络。重点针对狗熊发布的四次通知展开阅读与交流活动，使学生自主发现在转达通知时应注意的要点，在培养阅读能力的同时，习得表达的方法。】

三、围绕"通知"，训练语言

1. 多媒体同时出示狗熊发布的四次通知和狐狸、大灰狼、梅花鹿的话。引导学生分角色朗读，读出每种动物不同的语气。

2. 出示学习卡，补充通知，集体展示。

学习卡一：快来帮帮狗熊！（在括号里补充语言，使通知意思完整。）

大家请注意啦！（　　　　　　　　　　　）在（　　　　　　　　　　）开大会，请大家准时参加。

（1）写明时间和地点。

（2）先自己读一读，再和同桌交流，看谁的写得更完整。

自我评价☆☆☆☆☆　　同桌评价☆☆☆☆☆

---

3. 出示通知，教师引学：同学们，这里有一则通知，读一读，你能找到通知里的信息吗？

通　知

本周五早上八点，请参加运动会入场式的同学，在教学楼门前集合。

少先队大队部

2022 年 4 月 20 日

时间：　　　　　地点：　　　　　事情：

参加人：　　　　通知人：　　　　通知时间：

（1）小组交流，填写信息。

（2）集体展示，要想把通知写清楚，要写清哪些方面的内容？

【设计意图：启发学生在阅读故事中发现表达的方法，再围绕通知，借助学习卡进行自主研读活动，将语言能力的提升落到实处，夯实语言表达能力。】

四、围绕 "插图"，复述表演

1. 多媒体课件出示本文五幅插图，引学：同学们，你们能根据插图把故事复述一遍，讲给其他同学听吗？请先自己试一试，遇到困难可以请老师帮忙。

2. 连贯复述，全班展示。

3. 选定一个角色，小组表演这个故事。（1）先在小组内商量，明确分工，想好台词。（2）结合故事情节与动物特点加上恰当的动作。（3）小组表演，全班展示。

【设计意图:《语文课程标准》指出：应重视培养学生的创新精神，发展学生的思维，培养想象力，开发创造潜能。因此，在学习完故事后，引导学生大胆想象，根据插图复述故事，表演课本剧，从而激发学生学习的兴趣，达到知识与能力的并进。】

五、课堂总结

通知别人事情时要一次性说明时间，地点等内容，不然就会有失误。

六、布置作业

1. 创编或续编故事内容。

板书设计

动物王国开大会──→狗熊发通知

时间　　　地点

三心二意 一无所获

——《小猴子下山》教学设计

杨惠燕

教学目标

1. 借助本文内容，组织学生展开识字与阅读的语言训练，引导学生自主理清故事顺序。

2. 丰富语言积累，感悟文章说明的道理，即：做事情要一心一意。

教学准备

1. 教师准备：（1）课文相关动物、事物图片。（2）重点句段教学辅助课件。

2. 学生准备：制作本课字卡。

教学过程

一、创设情境，激发兴趣

1. 今天，讲一个有趣的故事，播放课文动画。

2. 学生活动：请你边贴词卡，边讲故事。（指一名学生把小猴子下山经过的地方按顺序贴在黑板上，并说出小猴子先后去了哪些地方，最后得到了什么。）

玉米地——桃树下——西瓜地——树林边———一无所有

【设计意图：考查学生对上节课内容的掌握情况，巩固所学的提手旁生字，同时从整体上理清故事情节，为深入学习奠定基础。】

二、围绕"所见"，积累词语

1. 自由读课文，找出"又～又～"式词语。

（1）教师引学：这一路走来，不知小朋友们发现了没有，小猴子脸上的

表情一直都是——（非常高兴）。是啊，因为他看到的可都是好东西呢！小猴子看见玉米结得——又大又多。（贴词卡）

（2）你也能用"又～又～"式的词语来说一说吗？（玉米又大又多、桃子又大又红、西瓜又大又圆。）

（3）进行说话训练。太阳 _____、苹果 _____ ;（提供主语）独立用"又～又～"式词语说话。

2. 教师贴：又大又红、又大又圆、蹦蹦跳跳。练读词语。我们来读读这些词语，要让大家感觉到是好东西！

3. 拓展运用。

这些好东西光是看看（板画：眼睛），就那么吸引小猴子了！要是小猴子尝一尝的话（板画：嘴巴），还会品尝到怎样的好味道？选一种说说：除了品尝到甜，吃起来还有怎样的感觉？（脆、鲜、嫩、糯、松、爽、软……）如果用鼻子闻一闻呢？还会觉得？（香）你能像故事中那样，用"又～又～"式词语把这些好味道连起来说一说吗？

如：又香又甜、又鲜又嫩、又松又脆、又甜又脆、又甜又糯。（提示要点：完全不可能同时存在的两个特点是不能用"又～又～"式词语来连接的。）

【设计意图：低年级教学中，词语训练是重点也是难点，此环节旨在通过多种形式的词语训练，使学生在具体语言环境中认识"又～又～"式词语，并能拓展组词，学会恰当应用，巧妙地突破了词语训练的难点。】

三、围绕"所做"，体会动词

（一）学习第一自然段，理解：掰、扛

1. 自由读第一自然段。

教师导学：哇，这一路上有那么多好吃的、好玩的，还等什么呢！我们赶快一起出发吧！看，玉米地到了！（课件出示）咦，画上怎么没画小猴子呢！是这样的，课文中写小猴子来到玉米地这部分没有配插图，请小朋友们帮忙想想，这幅图上该画一只怎样的小猴子呢？还是先读读这部分故事是怎么写的吧！

2. 你会画一只什么样的猴子？（提示：表情、动作。）随机学习：掰、扛。（指导书写：掰。）

3. 齐读第一自然段。

（二）学习第二至四自然段，理解并积累"摘、捧、抱、扔、追"。

1. 自由读，找一找小猴子的动作，并圈一圈。

教师导学：小猴子继续走啊走，来到桃树下，走过西瓜地，还看见了一只小兔子，在这些地方小猴子又是怎么做的呢？我们去读读写这部分的课文吧！拿起笔，边读边圈一圈像这样写小猴子动作的词语。

2. 教师故意打乱顺序贴动词。

3. 学生评价，并谈理解。

讨论要点：

（1）区别：捧、抱。（指两名学生表演"捧"和"抱"。）

（2）理解"摘"可以跟"桃子""西瓜"搭配，但不能跟"玉米"搭配。

（3）扔：应该扔了三样东西。老师把这些动作都拿掉了。（正是所有的东西都被扔了，兔子又没追上，小猴子才会两手空空回家去。趁机将另一只垂头丧气的猴子贴图贴上去。）

4. 指导朗读。

（1）"他看见玉米结得又大又多，非常高兴，就掰了一个，扛着往前走。"（示范：表现出很得意的样子）

（2）"他看见满树的桃子又大又红，非常高兴，就扔了玉米，去摘桃子。"你们有没有想到他会把玉米扔了？（指导：觉得猴子可笑的口气。）

（3）"他看见满地的西瓜又大又圆，非常高兴，就扔了桃子，去摘西瓜。"（读出觉得猴子更可笑的口气，语气加重。）谁来试试，指名读。

（4）"他看见一只小兔子蹦蹦跳跳的，真可爱，就扔了西瓜，去追小兔子。"（觉得小猴子真不像话，用批评小猴子的语气读。）

（5）"小猴子只好空着手回家去。"（要读出小猴子灰溜溜的、失望的神情。）

（6）指名读、齐读、练习有表情地朗读。

【设计意图：引导学生抓住重点词语，通过联想和朗读，感悟小猴子见异思迁的特点。此环节积累了关于小猴子的动作的词语，同时学生通过有感情地朗读课文，加深了对小猴子性格特点的理解。】

四、想象创造，续编故事

1. 想象小猴子回家后，和妈妈的一段对话。

提示：①猴妈妈会怎么问？②小猴子可能怎么回答？③听完了小猴子的话，猴妈妈又可能怎样教育小猴子？④小猴子又会怎么回答？⑤小猴子又下山了，这一次他可能是怎样吸取教训的？

2. 同桌复述；连贯复述；全班展示。

【设计意图：《语文课程标准》指出：应重视培养学生的创新精神，发展学生的思维，培养想象力，开发创造潜能。因此，在学习完故事后，引导学生大胆想象，为故事续编一个结尾，并用自己的话完整复述故事，从而培养学生想象与创造的能力，启发学生从小猴子身上懂得做事要一心一意的道理。】

五、课堂小结

小猴子看到一样东西就丢掉另一样东西，结果一无所获，这个故事告诉我们做什么事情都要专一的精神。

六、布置作业，拓展复述

1. 根据故事顺序，把故事完整地复述给爸爸妈妈听。
2. 续编故事《小猴子下山》。

【设计意图：让学生养成积累、阅读的好习惯；通过给家人复述课文的内容，深化所学的故事情节，升华对故事内容的理解。】

板书设计

小猴子下山

玉米地	又大又多	掰	扛	
桃树下	又大又红	扔	摘	空着手
西瓜地	又大又圆	扔	摘	回家去
往回走	蹦蹦跳跳	扔	追	

动物医生来了

——《棉花姑娘》教学设计

杨惠燕

教学目标

1. 理解课文内容，知道七星瓢虫是益虫。

2. 在读读议议中了解益虫等一些科学知识。在资料的收集和展示交流中知道更多的益虫以及一些科学知识。

3. 对科学常识产生浓厚的兴趣，有留心观察、探索和发现身边的科学常识的欲望。树立保护益虫的意识。

教学准备

多媒体课件

教学过程

一、创设情境，整体感知

1. 现在，我们把这些字宝宝送回故事中读一读，请小朋友们边读边思考：课文讲了棉花姑娘什么事？生自由读课文。师板书课题。

2. 课文写了棉花姑娘什么事呢？（说话训练）

出示：棉花姑娘（   ），（   ）、（   ）、（   ）来了，但是（   ），最后（   ）。

你真能干！一下子就把故事读懂了。

这么长的故事，你用一句话就把它概括得很完整了，真能干！听你这么一说，我就知道这个故事是将什么的了。

【设计意图：用句式概括文章大意，既有助于学生从整体把握课文，又能培养他们的概括能力。】

二、理解感悟第一自然段

1. 接下来,我们一起去看看故事的第一自然段。

出示第一自然段,指名一人读,其他小朋友边听边思考:棉花姑娘怎么了?

2. 汇报:谁知道棉花姑娘怎么了?

那是谁害棉花姑娘生病的呢?

出示蚜虫:看,这就是害得棉花姑娘生病的蚜虫!

介绍蚜虫:它们常常一群一群地聚集于植物的叶背面、嫩茎、生长点上,它们不仅吸食植物的汁液,它还会排出大量有害的蜜露让植物得病,植物们便会慢慢地枯死。

(1)看了这么多的资料,你觉得蚜虫怎么样?

请你来读一读这一句话:可恶的蚜虫(指名读、齐读)

师:你的语气告诉我,你非常讨厌蚜虫。

师:你看,你都读得咬牙切齿了。

师:我们一起来读读这句话。

(2)孩子们,这可恶的蚜虫会爬到棉花姑娘的哪里?棉花姑娘感觉怎么样呢?

生:多可恶的蚜虫呀!一大群一大群地让人讨厌!

生:棉花姑娘可真难受呀!

生:棉花姑娘又痒又痛,多难受呀!

生:老师仿佛听到了棉花那哭泣的声音!

师:是呀,许多可恶的蚜虫大口大口地吮吸着棉花姑娘的血,棉花姑娘真难受!我们一起读!

(3)这个时候棉花姑娘会想些什么呢?

自由回答——出示句子:她多么盼望有医生来给她治病呀!

师:是呀!是这么眼巴巴地期待着!(盼望)

(4)激情朗读

师:谁来帮助她把她的心声说出来!

指名读句子——女生读(紧皱眉头的小女生来帮帮棉花姑娘!)——齐读(那鲜红的感叹号仿佛就是棉花姑娘焦急的心啊!)

3. 课件出示：（调动生活经验）

师：其实，很多时候，我们也有这样的经历。

课件出示：是我们的节日，我多么盼望那一天早点来。

师：孩子们，你什么时候也会眼巴巴地盼望着什么呢？

自主扩展：（   ），我多么盼望（   ）！

【设计意图：从图片上入手，比较直观，学生更能产生对蚜虫的讨厌，而接下来的说话则让学生更加深入地体会棉花姑娘生病的痛苦之情，为朗读作好情感上的铺垫。】

三、三读课文

1. 师：看来，最深刻的盼望都藏在了小朋友的心底。那么棉花姑娘盼望着、盼望着，她都请来了哪些小医生呀？请大家自由读读接下来的第二至四自然段。

（1）读文汇报：棉花姑娘都请来了哪些小医生帮自己捉害虫呢？

师根据回答相机贴版画：燕子、啄（zhuo）木鸟、青蛙（画连着字）

①谁能够用一句话说说棉花姑娘请来了哪些医生？

②我们一起来说说。

（2）那棉花姑娘是怎么请他们的？请小朋友找出故事中相关的话。

根据学生的回答出示："请你帮我捉害虫吧！"

师：来，你现在就是生病的棉花姑娘，你来求一求燕子？

师：你的表情和语气告诉我，你非常希望得到燕子的帮助。

师：那棉花姑娘是怎么向啄木鸟发出请求的呢？

师：我听出来了，你有些心急了。

师：棉花姑娘看到青蛙跳来了，她仿佛又看到了一线希望，她说。（生接答）

引读：是呀，棉花姑娘生病了，她多痛苦啊！这时，燕子飞来了，棉花姑娘恳求地说。（生接答）

师：没过一会儿，啄木鸟飞来了，棉花姑娘着急地说。（生接答）

师：不久之后，一只青蛙跳来了，棉花姑娘高兴地说。（生接答）

（3）可是，这三位医生是怎么回答的呢？请大家再仔细地读读第二至四自然段，用波浪线划出相关句子。

汇报：让学生找出课文中的话读一读。

根据学生的回答出示三句话并进行相应的板书：

"对不起，我只会捉空中飞的害虫，你还是请别人帮忙吧！"

"对不起，我只会捉树干里的害虫，你还是请别人帮忙吧！"

"对不起，我只会捉田里的害虫，你还是请别人帮忙吧！"

请小朋友们再读读这几句话，你最喜欢哪位小医生，就把它的话多读几遍，努力把它的话读好。

（4）师生合作读

现在我就是生了病的棉花姑娘，我觉得非常难受，我非常急切地希望有人来帮助我。正在这时，一只燕子飞来了，小燕子、小燕子，你在哪里啊？

师生合作读。燕子，燕子，你不能治好我的病，你心里感觉怎么样啊？

还有哪只小燕子也觉得非常抱歉、非常难过的？

你虽然不能帮助我，但你还是很耐心地告诉我为什么。

咦？啄木鸟也来了，啄木鸟啄木鸟，请你帮我捉害虫吧！指名读啄木鸟的话。

师：你的表情告诉我，你觉得非常不好意思。

一只青蛙突然跳过来了，小青蛙，小青蛙，请你帮我捉害虫吧！

师：我知道了，你的眼神告诉我，你觉得非常抱歉。

（5）分角色读第二至四自然段。

师：我来读棉花姑娘的话，谁来当当小燕子、啄木鸟和小青蛙？其他小朋友就读一起读叙述部分。

【设计意图：注重对学生的朗读评价，采用师生、生生等多种形式的激励评价，多发现闪光点，激发学生的朗读兴趣。再通过多种形式的朗读、表演，拉近学生与文本的距离，使学生真正融入文本，进入情境。】

（6）这么多小医生都不能治好棉花姑娘的病，为什么呢？谁能用上因为……所以来说一说？

【设计意图：让学生看板书运用"因为……所以"说话，不但让他们学会使用一种新的句式，而且还能让他们对课文的容有进一步的理解。】

（7）学习课文第五、六自然段

就像小朋友们刚才说的，燕子、啄木鸟、青蛙因为各自的原因，无法帮助棉花姑娘捉害虫。那最后是谁把棉花姑娘的病治好了呢？从哪些地方能看出棉花姑娘的病已经好了呢？

四、课堂总结

我们知道了燕子捉空中的害虫，啄木鸟捉树干的害虫，青蛙捉田里的害虫，七星瓢虫捉蚜虫。我们要好好保护这些益虫。

五、布置作业

1.创编或续编故事《棉花姑娘》。

板书设计

棉花姑娘

有害	有益
飞虫	燕子
树虫	啄木鸟
田间害虫	青蛙
蚜虫	七星瓢虫

虚惊一场

——《咕咚》教学设计

杨惠燕

【**教学目标**】

1. 采用情境教学法，创设良好的学习环境，激发学生的学习兴趣。

2. 采用指导观察法，充分利用插图，以图带文，加深对课文的理解。整个环节以朗读贯穿始终，加深情感体验，帮助学生形成正确的价值观和积极的人生态度。

【**教学准备**】

视频　课件　头饰

【**教学过程**】

一、创设情境，故事导入

通过上节课的学习，大家知道什么是"咕咚"吗？小兔子听到"咕咚"声为什么拔腿就跑，其他动物为什么也要跑呢，野牛又是怎么做的呢？这篇课文又告诉我们一个什么道理呢？这节课我们继续探秘之旅。（课件出示：咕咚。）

【设计意图：回顾上节课的生字、新词，以及课文的整体内容，既是对整篇课文学习的整体把握，又激发了学生的学习兴趣。】

二、深入感知，指导朗读

教师指导图文结合学习，本课共有四幅图，要求学生指出每幅图和哪些自然段相对应。

（一）阅读课文第一、二自然段。

1.（出示图1），引导学生说出这幅图上的内容。（小兔听到木瓜掉进湖里发出的"咕咚"声，吓了一跳，拔腿就跑。）

2. 指名朗读课文第一、二自然段，抓住重点词语：吓了一跳、拔腿就跑、一边跑一边叫，体会小兔子害怕的心理。学生可以结合图片理解重点词语，也可以通过表演动作来理解。

3. 指导学生观察"吓、掉"两个字，加深记忆。

4. 教师提问：小兔子边跑边叫，对谁叫？叫什么？（对小猴叫："不好啦，'咕咚'可怕极了！"理解：这里的"咕咚"是指一种东西的名称。）

5. 指导朗读："不好啦，'咕咚' / 可怕极了！"（注意停顿、重音、语气。）

（二）阅读课文第三、四自然段。

1. （出示图2）引导学生接着观察图上的内容。（听了兔子的叫喊，小猴、狐狸、山羊、小鹿也跟着跑起来了。）

2. 指名读课文第三自然段，引导学生抓住小猴子的动作和语言，体会小猴子盲目害怕的心理。

3. 指导朗读："不好啦，不好啦，'咕咚'来了，大家 / 快跑哇！"（注意语气、停顿、重音。句中第二个"不好啦"和"快跑哇"要读得重一些，调要拉得长一点。）

4. 过渡：小猴子的叫声，震动了整个森林。这下森林里可热闹了。听！（放第四自然段的配乐朗读录音课件。）

5. 指名汇报：这一自然段中"大伙"都有谁，他们是如何做的。（有狐狸、山羊、小鹿。他们也跟着跑起来，一边跑一边叫："快逃命啊，'咕咚'来了！"）

6. 课件出示"鹿"的字理演变图，引导学生说一说自己都知道哪些鹿。（梅花鹿、驯鹿等，也可课件出示几种鹿的图片。）

7. 引导学生小组讨论：动物们为什么跟着兔子一起跑。

8. 引导学生比较"兔子""小猴""大伙儿"说的话。它们讲的话相同吗？不同在哪里？（课件出示话语。）（小兔子只是说"咕咚"可怕极了；小猴子认为"咕咚"追他们来了；其他的动物以为"咕咚"吃他们来了。他们把"咕咚"越传越厉害。）

9. 课件出示"逃"，引导学生说出以"兆"为字族的字，如：桃、挑、跳等，并一起总结儿歌加以区分。"兆"字加"提手"，挑三拣四挑不够；"兆"字加"足字"，跳来跳去真快活；"走之"伴"兆"字，赶快逃走藏起来；"木"

和"兆"字做朋友，鲜桃结在树枝头。

10. 分角色朗读"兔子""小猴""大伙儿"说的话。

11. 过渡：就这样，很平常的"咕咚"声，由于动物们的误解、误传，它成了可怕的怪物，吓坏了森林中的许多动物，他们一个跟着一个跑起来，就连大象这么庞大的动物也跟着跑起来。

（三）阅读课文第五自然段。

1.（出示图3）引导学生猜猜图中的小动物们在干什么。指名读第五自然段。（野牛拦住了小动物们，讨论"咕咚"。）

2. 结合图片引导学生了解"野牛"，扩词"野"，认识"里字旁"。

3. 指名演示"拦"的动作，体会"提手旁"的字的用法。

4. 说话练习：指导学生用"先问……再问……最后问……"的句式，表答野牛的问话。

5. 引导学生体会野牛问话的语气。（野牛说的话的语气应不慌不忙。）

6. 分角色朗读"野牛"的问话和"大象""兔子"的答话。

（四）阅读课文第六、七自然段。

1.（出示图4）引导学生观察最后一幅图，小动物们在干什么？（大伙儿知道"咕咚"的真相后，笑了。）

2.（出示课文第六自然段和第七自然段），师生齐读课文第六、七自然段。

3. 教师引问：知道了"咕咚"的真相，其实"咕咚"就是熟了的木瓜从树上掉进湖里所发出的声音，大家都笑了，为什么都笑了？（他们知道了"咕咚"是木瓜掉进湖里发出的声音，弄清了事情的真相后，觉得自己刚才的行为十分可笑，所以笑了。）指导学生再读，读出可笑的语气。

4. 引导学生说出"熟"的反义词是"生"。

5. 引导学生进行合理想象：小动物们都会想些什么？如，小猴想：我以后要向野牛学习，不再偏听偏信，遇事会多动脑筋，弄清事情真相。

【设计意图：在朗读时，根据学生的理解水平，要求学生步步上升。通过各种形式的朗读，联系实际想象说话，师生互动，调动学生的阅读积极性。】

三、整体回顾，拓展延伸

1. 引导学生再次看图，回顾整篇文章，思考从中有怎样的收获。

2.引导学生和文中的小动物进行对话，并模仿表演。

3.最后引导学生知道以后遇到事情应怎么办并续篇故事。（遇事先问个为什么，弄清事情真相。）

【设计意图：语文教学与生活相联系，课内与课外相结合，体现了"大语文"的教学观，拓展了学生的语文学习空间。】

四、课堂总结，领悟道理

同学们，这节课我们跟随小兔子了解了"咕咚"的真相，希望我们以后听到或遇到任何事情时，一定要动脑筋想想或看看，不要盲目地跟随别人，这样，就不会发生这样的事情了。

【设计意图：通过本节课的学习，领悟其中的道理，使课堂与学生的生活和情感体验有效地结合。】

五、作业设计

1.请同学们创编故事或续编故事。

板书设计

咕咚

害怕、逃跑——————笑了

遇事要动脑筋，弄清事情真相

小尾巴 大用途

——《小壁虎借尾巴》教学设计

张海珍

教学目标

1. 灵活采用看图、看实物、朗读、做动作、结合上下文、联系生活实际等方法了解课文中重点词句的意思，激发学生的学习兴趣。

2. 坚持以"读"为主线，让学生充分地读，在读中整体感知，在读中有所感悟，在读中培养语感。

教学准备

1. 课文插图、关于本课的多媒体课件。（教师）

2. 分小组准备小壁虎、小鱼、老牛、燕子的头饰。（学生）

3. 搜集有关动物尾巴用途的资料。（学生）

教学过程

一、创设情境，激发兴趣

1. 出示小壁虎图片，介绍壁虎知识。

2. 补充课文题目后质疑：读了题目，你想知道什么？

二、再读课文，读中感悟

1. 小壁虎的尾巴断了很难看时，他心情怎样？（伤心、难过。）

那就请你们带着难过的心情来读一读，比一比看谁读得好。（指名读，齐读。）

2. 小壁虎先向谁借了尾巴？（学生自由读第 3 自然段。）

学生比赛读小壁虎说的话，比比谁读得好。

3. 从哪个词可以看出小壁虎很有礼貌？为什么小鱼不把尾巴借给他呢？
（出示：小鱼的尾巴要用来……）

小鱼的尾巴是用来拨水的，请你们用手做做拨水的动作。

小结：如果小鱼的尾巴没了，小鱼就不能在水里游泳了，所以小鱼不能把尾巴借给小壁虎。

4. 分角色朗读小壁虎与小鱼的对话。（教师范读，男女生分角色读）

【设计意图：以读为主，让学生在读中体会，在读中理解，在读中感悟，是新课标对语文教学的要求。因此在教学中，贯穿以读为主的思想，感受清新活泼的文字，通过图片想象当时的场景，语言会在不知不觉中积累，情感会在潜移默化中生成。】

5. 看图说说小壁虎分别向谁借尾巴，结果怎样。

【设计意图：复习生字，回顾课文内容，为接下来品读课文，深入理解课文做好铺垫。】

三、继续学文，感悟理解

1. 带着问题读课文：小壁虎怎样借尾巴？请同学读课文第 3 ~ 5 自然段，用横线画出小壁虎说的话，用波浪线画出其他小动物说的话。

2. 交流出示对话。

3. 指导朗读。

假如你是小壁虎，看见小鱼、老牛、燕子，你心里会怎么想？那些动物帮不了小壁虎，他们的心情又怎样，再读读他们说的话。

4. 从小壁虎和动物们的对话中你明白了什么？

出示：小鱼用尾巴拨水，老牛用尾巴赶蝇子，燕子用尾巴掌握方向。

5. 小结延伸，拓展交流：小壁虎借不到尾巴多伤心呀！他还会去向谁借呢？他们会怎么说呢？（仿照课文续说。）

学生借助搜集来的资料，分小组说说其他动物尾巴的用途，并演一演。

6. 小壁虎借不到尾巴心里很难过，他该怎么办呢？（师引读第 6 自然段。）

7. 结果怎样？为什么？

8. 指导朗读：教师范读，学生自由读，男女生比赛读。

【设计意图：本环节通过想象说话，实现了语言的迁移。教师应给学生充分的时间做准备，交流时要有一定的弹性，学生能说几句就说几句，主要关注他们说话时的语气、态度，表达是否清楚。教师评价要及时，鼓励学生大胆发言。】

四、课堂演练，加深理解

1. 分角色朗读全文，喜欢谁就读谁说的话。

2. 以小组为单位，小组长分配角色，学生进行表演。

3. 指小组上台表演，全班评议。

【设计意图：分角色表演朗读能激发学生们的朗读兴趣，通过进入角色，他们能把心中的情与文中的人和事融为一体，读出不同人物的心情。读者绘声绘色，听者如临其境。分角色表演朗读还能让学生借助人物动作、对话感悟理解课文内容。】

五、课堂总结，课后延伸

1. 分角色朗读全文。

2. 布置课后作业——编故事：小壁虎长出了一条新尾巴，他高兴极了，他会把这个好消息告诉谁呢？他的朋友们又会说些什么呢？请同学们来讲给家长听，并把编的故事写下来。

【设计意图：这一延伸的练习设计抓住时机培养学生的思维能力，既是读写结合的一次小练笔，又极大地激发了学生丰富的想象力和强烈的创造欲望，培养了学生的口头和书面表达能力。】

板书设计

小壁虎借尾巴

小鱼　　拨水

老牛　　赶蝇子

燕子　　掌握放向

壁虎　　再生保护自己

我们的妈妈是谁

——《小蝌蚪找妈妈》教学设计

杨惠燕

教学目标

1. 了解小蝌蚪在生长过程中形体上的变化。
2. 青蛙生长过程以及在不同阶段的形态变化。
3. 品悟小蝌蚪身上体现出来的人性优点。

教学过程

一、谈话导入，复习巩固

上节课我们学习了《小蝌蚪找妈妈》，跟着活泼可爱的小蝌蚪走进了一个童话的世界。这里有坚持不懈找妈妈的小蝌蚪，这里有温柔慈爱的鲤鱼妈妈，这里有热心善良的乌龟大叔。同学们，你们喜欢他们吗？课文中的生字宝宝想跟小朋友玩一个游戏，他们一个个躲到句子里了，看小朋友还能不能叫出他们的名字，把他们叫出来才能看到可爱的小蝌蚪。

【设计意图：通过回顾，勾起学生对已学内容的回忆，自然过渡到新课学习中。】

二、走进正文，各有侧重

（一）启（第一自然段）：想象画面，步入佳境

1. 齐读第一自然段，师：小蝌蚪是什么样子的？

生：灰黑色的身子。

生：长长的尾巴。

（请同学们闭上眼睛）

师读第一自然段，（出示第一幅蝌蚪图）睁开眼睛，说说你见到了一群怎样的小蝌蚪？

师：他们在干嘛？

生：游泳

师：怎样的游泳啊？

生：快活的，甩着尾巴。

师：你能做一下动作吗？生做动作。

……

师：那么，我们应该怎样读呢？

生：读出高兴劲儿

生：读出快乐的心情

（生模仿老师有感情读）

（二）承（第二三自然段）：抓重点词句，指导朗读

师：快活的小蝌蚪游哇游踏上了他寻找妈妈的旅途，在路上他先遇见了谁呢？

生：鲤鱼阿姨。

师：(指图，指导朗读) 当小蝌蚪看见鲤鱼阿姨哺育小鲤鱼的温情画面时，更是按捺不住内心的思念，他急忙迎上去，

1.结合图画理解"迎"（面对面）（生读）

师：你似乎不怎么想念妈妈，（再读）。

师：那么鲤鱼阿姨是怎么答的呢？（生读鲤鱼妈妈话）

出示词卡（四条腿，宽嘴巴）

2.结合生活、结合图画理解"追"。

师：小蝌蚪告别了鲤鱼阿姨继续向前游，当他看见乌龟大叔在水中悠闲地漫步时，连忙追了上去。

（1）他为什么追呢？

（2）这时心里头会是怎样？

比较追上去和迎上去。出示图片。

师：误以为前方游动的就是自己妈妈的小蝌蚪再也按捺不住内心的激动，高声叫着——

师：可乌龟大叔仍旧慢吞吞地说（"说"声音变粗）——（生读）

出示词卡（头顶上有两只大眼睛，披着绿衣裳）

3. 分角色朗读。

（三）拨（第四自然段）：宣泄情感，以读养心

师：鲤鱼阿姨的温柔慈爱，乌龟大叔的热心善良温暖着小蝌蚪，给了他继续前行的信心和力量，接下来他们又遇见了谁呢？用最响亮的声音读一读第四自然段。（出示图四）

1. 谁能说一说青蛙的样子？出示词卡（碧绿的衣裳，雪白的肚皮，一对大眼睛）

2. 出示两段文字，作比较。

3. 积累词语。

指三个词卡，比较。

师：这是小蝌蚪们的妈妈吗？

生：是。

4. 爱的呼唤，荡涤心灵；真情告白，启迪人生。

师：小蝌蚪们经过不懈的努力终于见到了日思夜想的妈妈，心情会是无比地激动。

师：于是小蝌蚪大声的呼唤——

师：此时此刻，妈妈就在眼前，小蝌蚪还可能对妈妈说什么呢？

师：（顺势而为）妈妈也再不离开宝贝啦！

师：（引读）妈妈低头看见了自己的孩子，她笑着说——

生：（读青蛙妈妈语）。

师：细心的同学可能早就发现，小蝌蚪在找妈妈的过程中身体发生了一系列的变化（指图），文中是怎样描写的，找一找，读一读，用括号形式标记一下。

（师指图与学生共同回顾小蝌蚪的变化并在五幅挂图间板书）

长出后腿——长出前腿——尾巴变短——尾巴消失

（四）合（最后一自然段）：内外延伸，厚实立体

1. 巧妙过渡，走进文末

过渡：执着的寻找让青蛙母子得以相见，身体的改变让青蛙变得跟妈妈一样，尾巴已经不见（贴图五）

师：同学齐读最后一个自然段。师：（指图）看，小青蛙跟在妈妈的后面又启程了，他将和妈妈一起并肩作战，捉害虫，保庄稼，去谱写一个又一个美丽的童话。

2.适当小结，谈论收获

【设计意图：培养学生读中观、读中练、读中思、读中悟，读中表情，读中达意，读中明理的能力。】

三、拓展阅读

阅读《青蛙卖泥塘》、《小壁虎找尾巴》、《青蛙的习性》，说说你最喜欢的故事。

【设计意图：巩固所学新知识，拓展课本外的知识，启发思维。】

四、课堂总结

这节课我们知道了青蛙的演变过程，也感受到了蝌蚪的礼貌。

五、拓展写话

同学们，通过这节课的学习你知道了什么？请你续写《小蝌蚪找妈妈》这个故事。

板书设计

小蝌蚪找妈妈

迎上去　　鲤鱼

追上去　　乌龟

游过去　　青蛙

在"变化"中得到感悟

——《大象的耳朵》教学设计

苏 沫

　　《大象的耳朵》是一篇童话故事。课文围绕"大象的耳朵"讲述了一群小动物都说大象的耳朵耷拉着有问题，于是大象对自己也产生了怀疑，想办法让自己的耳朵竖起来，结果反而遇到了麻烦。大象在"变化"中感悟到，不能一味地听从别人的看法，要有自己的判断。

　　课文配有一幅表情丰富的插图，可以很好地激发小朋友的想象，可以依据课文设计相应的表达练习。

　　（一）字词目标：

　　1.根据学情重点认四个字，通过熟字带生字，以及字理讲解，从音、形、义三个维度学习"耷""烦""咦""遇"四个字，练习运用相关词语说话，并渗透中国汉字文化。

　　2.通过语境，辨析多音字"似""扇"音与义的关系及用法。

　　3.通过朗读，再认"竿、撑、舞"

　　4.识写"遇"字。了解四种不同"遇"含义。

　　（二）通过朗读提取文中信息，通过拓展朗读和填空原文，进行想象表达、自由表达和创意表达的语言实践。

　　（三）通过演一演，辨一辨，对"人家人家，我是我"进行思辨理解。并联系成语故事"三人成虎"对比理解故事。

　　1.学生预习课文，自学生字词，思考课后思考题。

2. 课前阅读《三人成虎》的故事，并查找资料学习象的文化。

3. 师准备 PPT 课件和伴奏音乐，制作小动物图案教具。

教学过程

板块一：学习生字词语

（一）由熟字引出生字

1. 师写字，你猜读——耷。组词"耷拉"。看看字形猜猜它的本意——对，本意是大耳朵。比如大象的耳朵，太大了，耷拉下来了。你还见过什么"耷拉"着的样子？

用"耷拉"自由表达，如：（1）奶奶坐在沙发上睡着了，脑袋耷拉下来。（2）大雨过后，玫瑰花耷拉下了花瓣。（3）中午睡醒后，早上梳好的辫子耷拉下来。

所以耷拉的意思是——（垂下来）。

2. 写"咦"，读。你能用"咦"开头说一句话吗？

生：咦，我的书包去哪儿了？

生：咦，你怎么来啦？

"咦"开头，一般表示有疑问，"咦"是一个表示疑问的语气词。

3. 写"页"字。还记得吗，"页"在古代指人的——头！贴，或板书 頁。再加一个"火"，在你的脑袋边总有一团火在燃烧，什么感觉？晕乎乎的，烦躁，内心不宁静。所以可以组词——"烦心、心烦、烦恼，烦不胜烦"。

4. 齐读词语："耷拉""咦""烦心"。

板块二：初读感知

（二）初读课文，整体感知和梳理

1. 孩子们，昨天我梦见你们了，梦见你们读课文特别好听，读的就是《大象的耳朵》，让我听听？让我看看你们充满自信的小手——就请第 2 小组为大家读一读，大家一边听一边找到相关的语句画下来。大象的耳朵是什么样子的？它有什么作用呢？

2. 生汇报问题一:

（1）根据学生回答出示，齐读。"大象有一对大耳朵，像扇子似的，耷拉着。"大象的耳朵和扇子有什么相似之处?

（2）你在大象的身上还能看到哪些比喻? 请填空。

生想象表达

（3）师:你发现没有，"像"和"似的"连起来常常表示比喻（表达一种想象），这样一想象，大象的形象就变得——特别有趣，特别生动形象起来!

（4）孩子们，除了在动物园，电视里，你还在哪里看过大象?（出示摆放大象雕塑和制作成首饰、摆件等的图案。）其实，在东方文明古国中大象享有崇高的地位。在中国，因"象"、"祥"谐音，因此大象被奉为瑞兽。故被赋予了吉祥的寓意，在云南傣族人民的心目中更是吉祥与力量的象征。而在印度，象神是强壮、长寿、聪慧的象征。所以人们经常用大象来代表印度。比如中国与印度经济上的竞争被称作"龙象之争"。

中国语言文化中也有很多"象"的痕迹，譬如（出示朗读）:

歇后语:猪鼻子插葱——装象。

大象的鼻子——能屈能伸

成语:狗嘴里吐不出象牙、盲人摸象

诗句:"人心不足蛇吞象，世事到头螳捕蝉。"

3. 汇报问题二:让我们继续跟着童话走近大象。大象耷拉着的耳朵有什么作用?

（1）根据学生回答出示，齐读:"有虫子来的话，大象只要把它的大耳朵一扇，就能把他们赶跑。"

（2）做扇的动作，读扇 shān，表示动作，比如"扇凉、扇风、扇动"，这是一个多音字。

老师小的时候，既没有电风扇，更没有空调，一到夏天的晚上，我们坐在星空下，拿着一把扇子，扇呀扇呀，既赶蚊子，又能扇凉。（联系老师的生活体验，同时运用了"扇"的两个用法。）

（3）句子里面还有一个多音字:"似"，以前我们就见过它，那时它读"sì"，你在哪些句子、词语里见过"它"——"不知细叶谁裁出，二月春风似剪刀"、相似、似乎、好似"

（4）这些多音字跑到下面的句子中藏起来了，看看你还认不认识他——

①夏天的中午，像个火炉似的太阳烘烤着大地，似乎要把花儿烤焦。

②秋姑娘举起她的大扇子，一扇，扇落了满地的黄叶。

板块三：重点研读

（三）重点研读大象的想法是怎样变的。理解"人家是人家，我是我"的同时进行想象表达的语言实践。

原来，大象的耳朵耷拉下来，是为了赶虫子方便。（板书：耷拉）可是，大象一开始知道吗？（不知道）小动物们知道吗？（不知道。）

1. 请大家边自由朗读边思考两个问题：小动物看到大象的耳朵，他们是怎么说的？大象的想法又是怎么改变的？

（1）读后交流第一个问题：小动物们是怎么说的？根据汇报，出示小兔、小羊二句。

①你能想象他们说话的时候可能有哪些动作和表情吗？请你想象，加上合适的词语再读：（练习把句子表达具体）

兔子（围着大象转了一圈，惊讶地）说："咦，大象啊，你的耳朵怎么耷拉下来了？"

小羊也（指着大象的耳朵，迷惑不解地）说："大象啊，你的耳朵怎么是耷拉着的呢？"

齐读两句。

②小鹿、小马，还有小老鼠，见到大象，都要——说他的耳朵。

他们会怎么说？（联系上下文补白故事说话）一齐说。

③大家说的话都一样，为什么不把小鹿、小马、小老鼠的话都写一遍呀？——（这样，语言表达就显得多样，也避免了啰嗦。）

（2）采访：小兔子，你为什么那么惊讶呀？

①生答：因为我的耳朵都是竖起来的，而大象的耳朵却是耷拉着的。

②根据回答出示句子，这是小兔子的想法，也是其他小动物的想法。师生合作读："你看，我的耳朵——是竖着的，你的耳朵——一定是出了毛病。"（做动作，识记"竖"字。）

2.演一演：小伙伴们一个接一个地提出了疑问，大象的想法发生了怎样的改变呢？

（1）扮演内容预设

一生扮演兔子好奇地问："咦，大象啊，你的耳朵怎么耷拉下来了？"

一生扮演大象（不以为意地）说："我生来就是这样的啊。"

小羊打量着大象的耳朵，问："……"大象依然不在意地："我生来就是这样啊。"

小鹿围着大象的耳朵，转来转去，问："……"大象有点不自信，小声地说："我，我生来就是这样啊。"

小马指着大象的耳朵问："……"大象支支吾吾："我，我……"

小老鼠叽叽叫着说："……"大象愣住了："我是不是真的有毛病啦？"

（2）采访：大象你的想法变了吗？怎么变的？

①出示，师生合作读——

（师）大象也不安起来，他自言自语地说：（生）"他们都这么说，是不是我的耳朵真的有毛病啦？我得让我的耳朵竖起来。

②二年级你们积累了很多成语，现在是时候检验一下了！你能给"不安"换个意思相同的成语吗？（坐立不安、忐忑不安、心神不宁）齐读成语。

板书：耷拉——竖起

（3）大象被大家众口一词的说法，弄得怀疑起自己了，引读——他想："怎么才能让耳朵竖起来呢？"男生读第10自然段。

"可是——"女生读11自然段"可是……，吵的他头痛、心烦。"（范读儿化音："耳朵眼儿里"）

（4）模拟场景：大象正在睡觉，这时候飞来了一群小虫子，直往他耳朵眼儿里钻。你猜猜这些小虫子可能在大象的耳朵眼儿里干什么呢？孩子们，你们现在就是飞到大象耳朵里的小飞虫，请你飞过来吧（教室一片嗡嗡声。）

①体验式表达：小蚊子，小蚊子，你在大象耳朵里干什么？……

大象，你现在是什么感觉？

生：好头痛，好心烦啊！

生：原来，我的耳朵耷拉下来是为了——赶虫子的！把耳朵竖起来太麻烦了！

②句子填空，规范表达。

大象的耳朵眼儿里，经常有（　　　）飞进去，还在里面（　　　），吵得他又头痛，有心烦。

（5）出示 13 段，齐读——大象说："我还是让耳朵耷拉着吧。人家是人家，我是我。"（板书：耷拉）

3.继续采访：大象，你现在心里怎么想？

（1）理解后表达：

①人家是人家，我是我，不要盲目改变自己。

②虽然大家的说法都一样，但也不一定是对的，要有自己的判断。

（2）"人家是人家，我是我。"放到我们的生活中对吗？你能举个例子吗？

（生回答预设：我觉得这句话有时候是很有道理的。比如，妈妈看见别的同学学跳舞，就叫我也学，其实，我的个子不高，柔韧性也不好，我不适合跳舞，而我对色彩很敏感，我更适合学画画。所以我就说："人家是人家，我是我。"

但是我觉得这句话有时候也是不对的。比如，在公共场合大声喧哗，比如作业写得潦草马虎。有人劝你改一改，你却说："我是我。"就不太对了。）

师：所以坚持自己的个性是对的，但如果这种坚持已经伤害到别人或自己的时候，就需要做出改变。

（3）大象因为很多人说他，就对自己产生怀疑自己，咱们古代也有这么一个相类似的故事，一起来听故事——《三人成虎》

这个故事和和我们课文中的哪些内容相似之处？不同的又是什么？

预设生回答：（同：都是一种说法说的人多了，让人产生了怀疑。不同：一个是大象后来又纠正了自己的错误做法，而魏王却因为别人的话不再重用庞聪了。）

师：所以，在听别人的意见的时候，更要有自己的判断，不能盲目听信别人。

板块四：拓展 + 创意表达

1.配乐朗读小诗《我和小鸟和铃铛》，每小节的最后一句留给学生补白（创意表达）。出示原文，齐读整首诗。

模仿创编一个小节。

2. 读绘本《你是独特的，你是最好的》，模仿绘本原文，续写一句"……没关系。"（创意表达）

板块五：写"遇"字

1. 识："遇"，由辶＋禺，（chuò）"辶"字意为乍行乍止，忽走忽停，"禺"是"寓所"。古人认为"遇者，不期而会。"意思是"客人未经邀约而到访。"所以有"不期而遇"这个成语。

如果是在道路上相遇就叫"遭"，所以有词"遭遇"。在地界上相见为"逢"如杜甫有一首著名的诗叫《江南逢李龟年》。说的是在哪里？和谁相逢了？

古人称意外相见为"邂"，有词语"邂逅"。

跟老师读读这几个都是表示遇见的词语：不期而遇、遭遇、相逢、邂逅。

有一天晚上我去灵芝公园散步，碰见源涛爸爸妈妈也在散步，这样没有约定却遇见，叫——不期而遇。

微信截图：踏着回家的路，与这天空不期而遇，美好！

（往往生活中没有约好的相遇，意外出现的朋友，美好的事物，会带给人惊喜，和美好！）

再齐读两遍。

2. 其余几个字大家都很熟悉了，唯有一个"遇"字，还容易写错，最容易错的笔画是——第七笔不是"竖折"，是"竖"。

3. 师范写，学生书写。

板书设计

大象的耳朵

遇　耷拉　咦　心烦

？！

耷拉————竖起————耷拉

友谊之花常在

——《纸船和风筝》教学设计

张彩花

教学目标

1. 能正确、流利、有感情地朗读课文。

2. 认识生字，重点认识多音字"扎"；正确书写生字。

3. 抓住重点词语理解课文内容；体会课文语言的特点和表达的准确。

4. 懂得友谊的珍贵，懂得维护友谊。

教学重点

有感情地朗读课文；学会生字。

教学难点

体会课文语言的特点和表达的准确；懂得友谊的珍贵，懂得维护友谊。

教学准备

多媒体课件

教学过程

一、激趣导入，课题质疑

1. 猜谜语，引出"纸船"和"风筝"。

2. 齐读课题:《纸船和风筝》注意读准轻声音节"筝"。

3. 课题质疑：看到课题，你想知道些什么？

【设计意图：对于低年级的孩子，每上一节课要充分调动其学习兴趣，尤其是课的一开始，要充分激发学生的学习主动性，所以开始就通过孩子们喜闻乐见的猜谜语的方法调动他们的学习积极性。再者读完课题后，让孩子们质疑，这也是刻意去培养学生的提问能力、口语表达能力、发现问题的能力，学贵于疑。】

二、初读课文，整体感知

1. 请同学们带着你们的问题自由地朗读课文，遇到不认识的字，可以读读田字格上的拼音，也可以问问同桌，争取把字音读准，把句子读通顺。

2.（课件出示生字词。期中"扎"字，为了区分不同读音的用法，采用课件演示。）检查认读情况：带拼音读，不带拼音读。个读，齐读。

3. 指名读个别长句子。

4. 你从课文中知道了些什么呢？简单说说。

【设计意图：《语文课程标准》指出"阅读是学生个性化的行为，不应以教师的分析来代替学生的阅读实践。"充分尊重学生的感受，体验和理解，留下足够的空间为学生张扬个性。】

三、再读课文，概括内容

1. 标出自然段。

2. 先读一下屏幕上的填空，再读一遍课文，完成填空。

3. 课件出示：指名填空

松鼠住在（　　），小熊住在（　　）。（　　）让松鼠和小熊成为好朋友。

可是有一天，他们（　　），他们都很（　　）。后来，在（　　）的帮助下，他们（　　）。

【设计意图：虽然现在不提倡单独给课文分段，概况课文内容和归纳中心思想。但对于学生的归纳能力的培养还是有很大必要的，对于孩子将来的成长是有重要意义的。】

四、精读课文，研读浓情

过渡：纸船和风筝是怎么使松鼠和小熊成为好朋友的呢？请同学们读一读第 2 到 6 自然段。

1. 课件出示：松鼠折了一只纸船，放在小溪里。纸船漂到小熊的家门口。

（1）请你们看看屏幕上的段落，再读一读第二自然段，想想它们一样吗？

（2）我觉得没有"漂呀漂"这个词也没关系啊，你同意我的想法吗？（纸船顺着溪流漂呀漂，漂过了森林，漂过了草地，漂过了灌木丛……一个漂呀漂，就可以让我看见纸船一路漂流的画面。）

（3）你们说，这个词好不好，能不能省？

（4）朗读训练：谁来当当这只"漂呀漂"的纸船。个别读，齐读，评价。

2.过渡：小熊拿起纸船一看，乐坏了。纸船里放着一个小松果，松果上挂着一张纸条，上面写着："祝你快乐！"

（1）小熊得到纸船开心吗？你怎么知道的？

（2）请你们读一读第3自然段，思考，从哪里看出来小熊很开心？（乐坏了）乐坏了是怎么样的？

（3）小熊为什么乐坏了？小熊不仅收到了一件礼物（小松果），还得到了一份祝福（祝你快乐的纸条），更重要的是交到了一个好朋友，收获了一段友情，小熊怎能不乐坏了呢？

（4）指导朗读：我们班谁是乐坏了的小熊呢？个别读，女生读。评价（果真是一只乐坏了的小熊。）

3.过渡引读：为了答谢好朋友，小熊也想折一只纸船送给松鼠。可是这样行吗？（不行，因为纸船只能从上面漂到下面，不能从下面漂到上面）所以，他（扎了一只风筝）风筝乘着风（　　　　）。

（1）请孩子们反复地读第4自然段，然后想想，哪个词语用得好啊？

（2）朗读比较：让我们一起来乘着风，和风筝一起飘到山顶吧！

（3）小结：孩子们，读书就是要这样，反复地读，细细地品，发挥想象，去感受文字背后的内容。

4.过渡：现在，就带着你们的思考和想象，来学习第5自然段吧，读一读。

（1）读完后，你们知道了什么？

（2）小结：乐坏了——因为小松鼠也得到了一件礼物（草莓），收到了一份祝福（祝你幸福）还交到了一个好朋友，收获了一份友谊。

（3）朗读指导：让我们一起来当当也乐坏了的小松鼠吧！齐读。

5. 过渡：就这样，纸船和风筝使他们成了好朋友。同学们，请你想一想，从那以后，他们可能还用纸船和风筝送些什么呢？是啊，他们就是这样，用纸船和风筝传递着友谊。可是有一天，他们俩为了一点小事吵了一架，山顶上再也看不到飘荡的风筝，小溪里再也看不到漂流的纸船了。看到这一切，你们的心情怎样？（难过、伤心）就带着你们体会到的情感，读一读课文的第 8、9 自然段。

（1）读了这两段，你们知道了什么？（不好意思，哪里看出来他们不好意思？）

（2）你们有什么问题吗？（为什么要扎了风筝挂在高高的树枝上，为什么折了纸船要放在屋顶上？）

（3）指导朗读：谁能把这种想和好，但又不好意思的情感读出来呢？个别读，评价，齐读。

6. 过渡：最后，还是谁再也忍不住了？（松鼠再也受不了啦，他在一只折好的纸船上写了一句话。）

（1）出示句子：如果你愿意和好，就放一只风筝吧！（个别读）

（2）松鼠把这只纸船放进了小溪。（音乐）纸船顺着溪流漂走了，漂呀漂呀，在这漫长的等待中，松鼠会想些什么呢？

（3）课件，纸船顺着溪流漂走了，松鼠想（　）

（4）是啊，松鼠就是这样，在不安和期待中度过了难熬的一天。读——傍晚，松鼠看见一只美丽的风筝朝他飞来。松鼠高兴得哭了。他连忙爬上屋顶，把一只只纸船放到了小溪里。

（5）你们说，小熊收到纸船了吗？你怎么知道的？所以松鼠高兴的哭了。这里是不是用错了一个字，高兴应该是笑，怎么会哭呢？（激动、幸福的眼泪）

（6）此时的松鼠太高兴了，他是激动得哭了，是幸福的眼泪，因为他又可以和小熊是好朋友了。他把一只只纸船都放到了小溪里。

（7）想一想，当看到这一只只纸船，小熊又会怎么做呢？

（8）正如同学们想象的一样，你们瞧（课件音乐，漫天风筝飞舞，满溪纸船飘荡）这是多么感人的一幕啊！望着这漫天飞舞的风筝和满溪飘荡的纸船，你想对松鼠和小熊说些什么呀？

7.小结：同学们，相信松鼠和小熊一定会记住你们的话，用一颗真诚的、宽容的心去对待朋友。因为我们每个人都需要朋友，拥有朋友，一生幸福。

8.读有关友谊的名言。（课件出示）

【设计意图：在理解课文过程中，以读为主，设计多种形式的读，让学生在读中学，读中悟。创设多种教学手段与情境，给学生自主、合作、探究的学习环境，让学生的思想认识得到升华。学生们能结合简单的生活经历和情感体验，在朗读中表达自己的感受。学生自主、合作、探究的学习欲望可以较好地得以张扬。】

五、总结课文，书写升情

1.引导：纸船依然在小溪中漂流，风筝依旧在蓝天上飘荡，纸船和风筝给松鼠和小熊带去的是礼物和祝福，是友谊和幸福，还有一个相知相伴的好朋友。（板书：朋友）

2.引导：纸船和风筝也给我们带来了一份美妙的感受，告诉我们，朋友就是一种幸福，而我们应该珍惜！（板书：幸福）

3.引导：让我们用小手写下幸福，用心灵体会幸福！

（1）范写"幸福"二字。（注意："幸"字中最长的是第二横。"福"字中的"田"就像是圆圆的肚子。）

（2）学生书空。

（3）学生描红、仿影、临写习字册。提醒注意书写习惯。

4.展评（自评、集体评）。

5.总结：希望今天的幸福，能永远留在小朋友心中。别忘了，我们永远是朋友！

【设计意图：创设情境，自然而然总结课文，在不知不觉中通过板书与写字指导的结合将文中情再巩固、再提升！】

六、布置作业，课外延伸

1.将这个故事讲给爸爸、妈妈或身边的人听。

2.搜集一些有关友谊的小故事读一读。

板书设计

纸船和风筝

朋友　幸　福

美好的幻觉　残酷的现实

——《卖火柴的小女孩》教学设计

钟月兰

教学目标

1. 有感情地朗读课文，把握课文内容，关注课文中人物的命运，体会作者的思想感情。

2. 了解作者实虚结合的表达方式，体会这样表达的效果。

3. 激发学生阅读安徒生童话的兴趣。

教学重难点

1. 从小女孩五次擦燃火柴所看到的种种幻象中体会她的悲惨生活，关注小女孩的命运。体会作者实虚结合的表达方式及表达的效果。

2. 从最后三个自然段的含义深刻的语句中体会作者的思想感情。

教学过程

一、创设情境，唤起对小女孩深切的同情

1. 下面我们就静下心来，仔细地品读课文，试着走进作者和小女孩的心灵世界。认真听老师读课文的第一部分，然后说一说小女孩给你留下了怎样的印象。

2. 用自己喜欢的方式再来读读这部分内容，小女孩目前的处境是怎样的，在文中空白处写一写。

3. 结合具体的语句汇报

（非常寒冷；非常饥饿—光着头赤着脚；只好赤着脚走路，一双小脚冻得红一块青一块的；蜷着腿缩成一团，她觉得更冷了；人情冷漠，痛苦孤独—另一只叫一个男孩捡起来拿着跑了；谁也没买过她一根火柴，谁也没给过她一分钱；爸爸一定会打她的。）

4. 找生试着把自己的感受读出来。请同学结合自己的感受来评价，并提建议。再自由读这部分，感受小女孩的可怜。

5. 指名配乐朗读。（播放《天鹅》。）

6. 如果你是小女孩，你现在最需要什么？（温暖、食物、疼爱等）可是，她又冷又饿，有家又不敢回，除了旧围裙里的火柴，一无所有。

【设计意图：通过品读和配乐朗读，初步感知课文内容，感受小女孩儿的处境，尝试想象当时的画面，体会她的冷、饿、孤独、无助。】

二、深入品读，感受女孩的悲惨命运

1. 自由轻声读小女孩擦燃火柴的部分，把你最受感动的地方画下来，并写一写自己的感觉。

2. 以汇报的方式，感受女孩的命运的悲惨。

（如，在擦燃火柴美好的幻象中，感受到女孩现实生活的残酷：小女孩特别寒冷，渴望温暖，就幻想到了大火炉；特别饥饿，渴望食物，就幻想到了烤鹅；现实中孤独，渴望亲人的疼爱，就幻想到去世的奶奶。）

现实与幻想形成了巨大的反差，幻想的越美好，越是衬托出了现实的悲凉，让人越发感觉到女孩命运的悲惨。

3. 选择让你感动的段落，有感情地读给小组同学听。

【设计意图：尝试引导学生进入小女孩儿的生活，那个寒冷漫长的夜，那个孤独无助的节日，通过作者虚实结合的方法再一次感同身受地体会小女孩儿悲惨的命运，感悟作者蕴含在字里行间的情感。】

三、围绕中心，提出疑问

1. 在别人幸福地欢度新年的时候，女孩却悄无声息地冻死在街头。让我们读读课文的最后两部分，提出问题。

2. 出示：谁也不知道她曾经看到过多么美丽的东西，她曾经多么幸福，跟着她奶奶一起走向新年的幸福中去。

学生可能质疑：多么美丽的东西指什么东西？为什么会看到？怎样看到的？两个"幸福"是什么含义，小女孩真的得到幸福了吗？

【设计意图：设置悬念，小女孩儿追求的"幸福"是什么？它实现了吗？引起学生的好奇。】

四、感情朗读，体会"幸福"

1.她曾经看到过哪些美丽的东西，使她感到幸福，请同学快速浏览课文的第二部分，画出来。

2.学生汇报，教师板书：大火炉　烤鹅　圣诞树　奶奶

3.观看表现美丽幻想的动画片，找生朗读，感受女孩虚幻的幸福。

4.选择你认为女孩看到会感觉最幸福的部分，练习朗读，把它的美丽与美好读出来。

【设计意图：与下文作对比，火柴里的是想象的"幸福"，火柴灭了时就是"幸福"破碎时，想象中的"幸福"有多美好，破碎时就有多凄凉。】

五、感情朗读，体会现实

1.火柴再温暖，再明亮，带来的幻觉再幸福，总是要消失的。读下面的句子，说说你读懂了什么。

出示句子：哎，这是怎么回事呢？她刚把脚伸出去，想让脚也暖和一下，火柴灭了，火炉不见了。她坐在那儿，手里只有一根烧过了的火柴梗。

这时候，火柴灭了，她面前只有一堵又厚又冷的墙。

这时候，火柴又灭了。只见圣诞树上的烛光越升越高，最后成了在天空中闪烁的星星。有一颗星星落下来了，在天空中划出了一道细长的红光。

2.交流：现实的残酷，女孩命运的悲惨。

3.比较句子：

（1）啊，哪怕是一根小小的火柴，对她也是有好处的！她敢从成把的火柴里抽出一根，在墙上擦燃了，来暖和暖和自己的小手吗？她终于抽出了一根。哧，火柴燃起来了，冒出火焰来了！

（2）她又擦了一根。

（3）她又擦着了一根火柴。

（4）她赶紧擦着了一大把火柴，要把奶奶留住。

体会：女孩由开始的不敢到敢，从抽出一根到后来的抽出一把，表现出

了她对美好生活的迫切渴望。而这种美好，只有在虚假的幻想才能得到满足。所以，"她俩在光明和快乐中飞走了，越飞越高，飞到没有寒冷，没有饥饿，也没有痛苦的地方去了。"在死亡中，在另一个世界中，女孩终于摆脱了现实的残酷。

4.配乐有感情地朗读最后两段。

【设计意图：人物的结局终于揭晓，随着一根根火柴的熄灭，读者的心也越来越冷、越来越痛，于朗读中感受人物命运的悲惨，升腾起对她的怜爱、痛心。】

六、拓展延伸

1.读完这个感人的童话，我们一定有许多话想对那个可怜的小女孩说。请同学们先来读一首9岁儿童刘倩倩的诗歌《你别问，这是为什么》。再把你想说的话写下来。

2.课外阅读安徒生的其他童话作品。

安徒生是世界著名的丹麦童话作家，一生为孩子们撰写了168篇童话，他的作品超越了时间和空间的限制，100多年过去了，仍在世界各国流行。《坚定的锡兵》《拇指姑娘》《皇帝的新装》《人鱼公主》等，你读过了吗？

板书设计

卖火柴的小女孩（丹麦　安徒生）
美好的幻觉　残酷的现实　命运悲惨

作业设计

1.看拼音写词语。

guāi qiǎo　　　tuō xià　　　duō suō　　　là zhú
（　　　）　（　　　）　（　　　）　（　　　）

huǒ chái　　shǎn shuò　　kù dōu　　chú chuāng
（　　　）　（　　　）　（　　　）　（　　　）

2.作者知多少

3. 如果你有机会站在小女孩儿或安徒生面前，你想对他们说什么？

_____

_____

别样的旅行　真挚的情谊

——《在牛肚子里旅行》教学设计

钟月兰

教学目标

1. 能体会青头和红头对话时的心情，分角色朗读课文时能读出相应的语气。

2. 默读课文，能找出证明青头和红头是"非常要好的朋友"的词句，能体会到它们之间的真挚友情。

3. 能画出红头在牛肚子里旅行的路线图，并借助路线图讲故事。

教学重点

1. 能体会青头和红头对话时的心情，分角色朗读课文时能读出相应的语气。

2. 能画出红头在牛肚子里旅行的路线图，并借助路线图讲故事。

教学过程

一、回顾红头的旅行路线

1. 在黑板上呈现上节课梳理的红头的旅行路线图，引入：通过上节课的梳理，我们知道 了红头的旅行路线。你能根据旅行路线图简单地回忆一下红头的旅行路线吗？

2. 学生结合路线图进行交流。

二、聚焦对话，体会人物内心，感悟真挚友情

1. 布置学习任务：请同学们自由朗读课文第七至十九自然段，一边读，一边用直线画出红头说的话，用波浪线画出青头说的话。（学生交流反馈对话

内容）

2. 启发引导：青头、红头对话时的心情如何？请认真读（它们的对话，圈出描写红头、青头表情和动作的词语）。

3. 学生交流红头的心情，教师相机出示句子：

"救命啊！救命啊！"红头拼命地叫起来。

"我被牛吃了……正在它的嘴里……救命啊！救命啊！"

"那我马上就会死掉。"红头哭起来。

"可是你说这些对我有什么用呢？"红头悲哀地说。

（1）引导学生思考以下几个问题并代入角色有感情地朗。（相机板书：害怕、悲哀）。

问题 1：红头为什么拼命地叫？

问题 2：红头说的话里为什么有那么多的省略号呢？

问题 3：红头为什么要哭？

问题 4：红头为什么很悲哀？它心里在想什么？

（2）师生合作分角色朗读，老师扮演青头，学生扮演红头。

4. 学生交流青头的心情，教师相机出示句子：

"你在哪儿？"青头急忙问。

青头大吃一惊，它一下子蹦到牛身上，可是那头牛用尾巴轻轻一扫，青头就给摔到地上了。青头不顾身上的疼痛，一骨碌爬起来大声喊："躲过它的牙齿，牛在这时候不会仔细嚼的，它会；你和草一起吞到肚子里去……"

（1）提问：谁能给"急忙"换个词？（连忙、赶紧）谁能演一演"大吃一惊"的表情？

（2）引导：现在你就是青头，请你来演一演它着急、吃惊的样子。（板书：着急）

5. 教师向扮演青头的学生提问：青头，你这么着急，怎么说话一点儿都不结巴，也没有像红头一样急得哭起来呢？请学生再次读描写青头的段落，圈出关键词句并交流。

预设 1：第十一、十八自然段的关键词"一下子""不顾""一骨碌""大声喊""蹦来蹦去"。

预设 2：第十三、十五自然段的关键词句"不要怕""你会出来的""你是勇敢的蟋蟀""你一定能出来的"。

引导学生说一说从青头的这些动作中体会到什么，并通过朗读，读出青头的勇敢、镇定。相机板书：勇敢、镇定。

6.同桌合作分角色读青头和红头的对话。

（1）学生自由练读，展示。

（2）启发学生思考：从青头和红头的对话中，你感受到了什么？（青头和红头是非常要好的朋友）让学生再次默读全文，说说从哪里可以看出青头和红头是"非常要好的朋友"。

7.引导学生联系生活实际，说说自己的理解和感受。

8.相机引导：当朋友遇到困难和危险时，我们要给予帮助和鼓励，运用智慧战胜困难。青头就是这样做的，难怪课文中说"它们是一对非常要好的朋友"。

【设计意图：通过图画关键词句、有感情地朗读对话以及谈体会的方式，由读到悟，环环相扣，帮助学生走进人物的内心，体会人物的心情，从而感悟红头和青头间的真挚友情。】

三、借助路线图讲故事

1.过渡：红头的旅行真是不可思议，我们可以把这么有意思的故事讲给家人听。接下来请同学们看着黑板上的路线图，试着用自己的话讲一讲故事，可以用上表现红头、青头心情变化的词语。

2.学生自由练习讲故事。

3.指名学生讲故事，教师相机提醒一些关键的词句。比如"蹦、摔、一骨碌、爬、跳、蹭来蹭去"等表示动作的词语以及能表现人物性格的对话。

4.同桌之间互讲故事。

【设计意图：本环节紧扣前一环节的重点，引导学生抓住反映任务心情变化的词语，利用路线图练习讲故事。既有讲故事方法的指导，又有故事内容的铺垫，降低学生讲故事的难度。】

板书设计

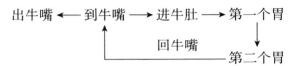

在牛肚子里旅行

出牛嘴 ←—— 到牛嘴 ——→ 进牛肚 ——→ 第一个胃

回牛嘴

第二个胃

红头：害怕、悲哀

青头：着急、勇敢、镇定、安慰、鼓励

作业设计

1. 看拼音，写词语。

　　lǚ　　　　zán　　　　　　lián　　jiù mìng　　pīn
（　　）行　　（　　）们　　可（　　）　（　　　　）　（　　）写

2. 选字填空。

　　　　　　　　　　　以　　　己　　　已
（　　）经　　（　　）前　　（　　）为　　自（　　）　　（　　）知
　　　　　　　　　　　　　应　　　因
答（　　）　原（　　）　（　　）该　　（　　）此　　（　　）为

3. 读读下面这段话，说说你体会到了什么。

　　青头大吃一惊，它一下子蹦到牛身上，可是那头牛用尾巴轻轻一扫，青头就给摔到地上了。青头不顾身上的疼痛，一骨碌爬起来大声喊："躲过它的牙齿，牛在这时候不会仔细嚼的，它会；你和草一起吞到肚子里去……"

_____

_____

_____

忍得住诱惑　成得了大业

——《一块奶酪》教学设计

钟月兰

教学目标

1. 能准确、流利地朗读课文，掌握故事的主要内容。

2. 默读课文，把握故事情节。

3. 分角色读、演课文内容，了解蚂蚁队长的品质，人物丰富的内心世界。

教学重难点

1. 有感情朗读，掌握文章的主要内容。

2. 了解蚂蚁队长的品质，感受人物丰富的内心世界。

教学过程

一、情境导入

1. 同学们，你们观察过蚂蚁搬食物吗？很远很远的地方，一只小蚂蚁找到了一块食物，它匆匆忙忙地跑回去，一会儿就带来了浩浩荡荡的一大队蚂蚁。它们是怎么搬运食物的呢？请同学们说一说你见到的或了解到的情景。

2. 今天我们就来学习一篇童话故事——《一块奶酪》，看看小蚂蚁们在蚂蚁队长的带领下搬运食物时，遇到了什么事情吧。

二、自主学习，整体感知

1. 同学们自由读课文，标出自然段，遇到不认识的字，可以借助拼音朋友，也可以请教老师或同组同学，把课文读正确、流利。

2. 检查生字认读情况。

3. 小组选择自己喜欢的方式读课文。

要求：声音洪亮、正确流利、同学爱听。

4.检查朗读，以小组汇报的形式，汇报时可自定齐读人数，也可以选一名同学代表本组朗读，听后其他同学随机评价。

5.在初步感知全文的基础上，说说课文讲了一个什么故事。

（这篇童话故事讲的是蚂蚁队长带领小蚂蚁搬奶酪的故事。）

【设计意图：通过朗读、交流，正确流利地掌握生字，初步感知文章内容，知道故事发展脉络。】

三、品读感悟

（一）学习第 1—3 自然段

1.学生自由朗读第 1—3 自然段。说一说这一部分讲了什么。

这一部分是事情的起因。讲蚂蚁队长集合好队伍搬运粮食，并定下规矩，蚂蚁们很积极地投入到搬运中。

2.蚂蚁队长集合的时候，定了什么规矩？

（二）学习第 4—12 自然段

1.默读这一部分，回答：在搬运奶酪的过程中，发生了什么意外？

2.当奶酪被拽掉一角后，蚂蚁队长的心里是怎么想的，怎么做的？小蚂蚁们又是怎么想的，怎么做的呢？找出相关的句子。

蚂蚁队长：

①心理变化历程：心里七上八下——恼火——犹豫——决定

②行为：盯着奶酪渣子——下令休息——让大家分散开——下令小蚂蚁走到草丛中——下令小蚂蚁们回来——命令年龄最小的蚂蚁吃掉奶酪

小蚂蚁：放下奶酪，却不走开——依旧不动，眼睛望着别处，心却牵挂着奶酪渣子

3.思考，蚂蚁队长为什么命令年龄最小的蚂蚁吃掉奶酪渣？

4.你认为蚂蚁队长这样的处理方式好吗？

【设计意图：引导学生逐步感受蚂蚁队长的心理变化，于矛盾冲突中感受人物品质。】

（三）学习第 12 自然段

1.齐读第 12 自然段。

2. 思考：为什么大家干活劲头比刚才更足了？

3. 你喜欢这位蚂蚁队长吗？理由是什么？

提示：蚂蚁队长在诱惑面前，能够坚守原则，并灵活应变，有领导才能，想出方法，让大家干活的劲头更足了。

【设计意图：引导学生通过辩论的方式感受蚂蚁队长的心理感受，并逐渐内化为自己的认知，逐渐形成自己的道德品质。】

四、深入画面，分角色表演

1. 自由组合，7—8 人为一组练习分角色表演。

提示：练习的时候，注意认真研究文本，注意蚂蚁队长的心理变化过程，演好蚂蚁队长和小蚂蚁的神态表情。

2. 请两组同学汇报表演。

3. 点评。

五、拓展延伸

1. 你喜欢蚂蚁队长吗？结合文章说说你的理由。

2. 生活中有没有这样的一个人，也让你佩服呢？请你来说一说。

【板书设计】

一块奶酪
七上八下→生气→犹豫→坚定
遵守纪律、严于律己

【作业设计】

1. 为加横线的字选择正确的读音打钩。

诱惑（xiù yòu）　　团聚（jù jǔ）

禁止（jìn jīn）　　稍息（shāo shào）

2. 形近字组词。

蚁（　　）　粮（　　）　秀（　　）　消（　　）

议（　　）　良（　　）　诱（　　）　稍（　　）

3.当奶酪被拽掉一角后，蚂蚁队长的心里是怎么想的？猜猜它的心里话并写下来。

_____

_____

_____

_____

赠人玫瑰　手有余香

——《总也倒不了的老屋》教学设计

钟月兰

【教学目标】

1.认识 7 个生字，会写 13 个生字，理解"暴风雨、孵蛋、偶尔"等词语的意思，朗读课文。

2.边阅读边预测，根据旁批、课后了解预测，知道预测可以根据题目、插图、生活经验、故事内容预测，知道预测要有依据。感受预测的趣味和快乐。

3.学习老屋乐于助人的行为，知道帮助别人才会收获快乐。

【教学重难点】

边阅读边预测，学习并运用预测方法，感受预测的趣味。

【教学过程】

一、谈话导入，激发预测兴趣

（1）预测插图：请学生观察文中插图，引导学生第一次预测，并通过第一自然段验证。像这样通过图片去推测课文内容就是一种预测，预测会让我们的阅读更有趣。

（2）预测课题：看到这个题目，请学生猜一猜为什么老屋总也倒不了呢？引导学生根据课题进行第二次预测。

【设计意图：初探预测方法，唤醒学习动力。用插图这种孩子们喜闻乐见的形式进行第一次预测，为学生营造了一种轻松愉悦的探究氛围，为学生注入探究阅读的动力。通过插图和文字的感知，孩子已经形成了对老屋的初步的认识，这个时候将题目给孩子，老屋和总也倒不了的这种反差更能激发孩

子的想象力，孩子们会进行各种各样的预测，究竟谁的预测是对的呢？孩子也对阅读充满了期待。】

二、集中识字，扫清阅读障碍

首先出示含有文中生字的词语，开火车读词语。然后根据学生的回答，相机指导生字，重点指导"暴风雨、偶尔、孵蛋"等词语。

【设计意图：集中呈现生字，聚焦重点字词。因为本单元是预测单元，为了不破坏学生的阅读的连贯性，采取集中识字的方法识字。】

三、借助旁批，学习预测方法

（1）充分朗读，为学习预测铺垫

出示前 10 个自然段，个别读、男女生互读、分角色朗读等多种形式读文，分角色朗读老屋与老母鸡、小猫的对话，请同学们思考在对话中你发了什么？通过简短的对话，老屋给你留下了什么印象？

【设计意图：多种方式朗读，感知文本内容。《语文课程标准》中指出："要让学生在朗读中通过品味语言，体会作者及作品中的情感态度"本环节通过多种形式朗读，在朗读过程体会故事的反复性和规律性，通过对话感悟老屋乐于助人的优秀品质。】

（2）分析旁批，学习预测方法

出示前四个旁批，这是一个小伙伴边读边进行的预测，请学生们观察她都是在什么时候进行预测的呢？又是依据什么预测的呢？小组交流讨论，完成表格。

【设计意图：利用范例支架，学习预测方法。《语文课程标准》中指出："阅读是学生的个性化行为。"本环节充分地利用了编者为学生搭建的范例式支架，学生通过观察、探究、合作讨论，学习了什么时候预测，依据什么预测。】

（3）小结

【设计意图：归纳总结方法，梳理文章脉络。借助板书和图表进行小结，学生再次回顾故事情节，对预测依据的印象更加深刻。】

四、借助课后题，练习预测方法

（1）学习课后第一题

出示 11 到 17 自然段，提出问题：读课文的过程中，你有没有猜到后面会发生什么？同时出示前两个小朋友的话，提示学生可以这样说：当我读到（　　）时，我猜（　　），因为（　　）。小组讨论，全班交流，相机指导。

【设计意图：构建语言支架，练习预测方法。语文核心素养关注语言的建构和运用。在课后一题对话提炼出一个语言支架，通过小组合作交流反复练习说清预测依据，内化预测的思维过程。】

（2）学习课后第二题

那孩子们，现在你们知道老屋为什么总也倒不了吗？

【设计意图：回归文本内容，感知人物形象。通过对老屋的老迈、慈祥形象的感知，对老屋语言的品味体会老屋不倒不是因为老屋有魔法，而是老屋乐于帮助别人才一直都没有倒。】

五、续编故事，尝试运用预测

（1）创编故事：

问题设计：文中的第六个旁批写到"老屋还可能会遇到其他需要帮助的小动物。"请你接着猜一猜，如果老屋遇到熊宝宝，它会寻求什么帮助呢？老屋又会怎么办呢？

（2）呈现作家原文的故事内容。

（3）对比阅读，想一想哪些自己预测到了，哪些不是？

【设计意图：紧扣预测主题，经历预测实践。学生续写故事，将预测与想象有机融合，通过与作家的续写进行对比，将想象故事结尾转化为一次预测，加深对预测的认识。】

【板书设计】

总也倒不了的老屋

摇摇欲坠　　乐于助人

（躲雨、孵小鸡、织网）

要倒了　倒不了

作业设计

1.为加横线的字选择正确的读音打勾。

凑成（còu zòu）　　　孵化（fū fú）

喵喵叫（miāo miáo）　　偶然（ǒu yù）

偶尔（ěr ér）　　　晒太阳（shài xī）

2.读句子，结合语境写词语。

风雨过后，太阳光从 qiáng bì（　　　）上的 dòng kǒu（　　　）射到了地板上。刚 chī bǎo（　　　）的小 zhī zhū（　　　）从角落里爬出来，zhǔn bèi（　　　）把破损的网修补一下。

3.猜一猜，老屋之后还可能遇到谁来请他帮忙呢？老屋会怎么帮？

_____

_____

_____

神奇的胡子　飞翔的思绪

——《胡萝卜先生的长胡子》教学设计

钟月兰

教学目标

1. 借助阅读，在观察、想象、发现中，让学生享受阅读的情趣。

2. 能有感情地朗读课文，并在反复朗读中体会故事蕴含的道理，并学会有理有据的预测故事将要发生的事情。

3. 合理地续编故事或创编故事。

教学重难点

学会通过故事情节预测故事的发展。

教学过程

一、回顾方法，读题预测

（一）回顾方法

1. 从《总也倒不了的老屋》这篇童话故事中，你学到了哪些预测故事情节的方法？指名说一说。

2. 总结预测故事情节的方法。（文章的题目、插图、内容中的一些线索，都可以帮助我们预测）

3. 今天我们就用上这些方法，开启奇妙又好玩的阅读之旅吧！

（二）读题预测

1. 读课题，猜猜故事会讲什么。

2. 预测后，组织反馈。

【设计意图：引导学生回忆前一篇课文学到的预测课文情节的方法，并结合课题进行预测。为今天的"练习运用预测"做好了铺垫。】

二、练习预测，交流方法

（一）引导运用，做好铺垫

1. 出示课文第一第二自然段。

阅读故事的开头，猜猜故事会怎样发展。老师引导学生根据上节课"预测是怎样得出来的表格"来梳理预测成果。

2. 小结过渡：抓住文章的重点词，结合生活经验和常识进行分析、想象，对故事进行了有理有据的预测。这样的方法能不能运用到整篇文章中呢？边读第3-8自然段，边完成学习单。

（二）放手自读，完成练习

1. 自读课文，完成练习

2. 交流汇报。

（三）预测结尾，交流反馈

1. 继续预测：胡萝卜先生遇到鸟太太以后，又会发生什么故事呢？

2. 结合前面的故事与生活经验和生活常识，合理预测，模仿第6自然段续编故事。

3. 胡萝卜先生还可能遇到谁呢？又会发生什么故事呢？

【设计意图：在《总也倒不了的老屋》中，学生已经对边读边预测的方法有所了解，对于略读课文《胡萝卜先生的胡子》，可以尝试逐步放手让学生去预测交流。先由老师带着结合故事的开头进行预测，复习重温预测是怎么得出来的，然后放手自主阅读3-8自然段，学习运用预测。在此基础上，尝试续编故事，引导学生体会文本的篇章模式，对故事结尾进行预测。】

三、验证预测，修正预测

（一）阅读原文，验证预测。

引导学生说说：你的预测和故事原文里写的有哪些相同和不同的地方？为什么作者要这样写？哪些地方出乎你的意料？哪些地方给了你意外的惊喜又觉得意料之中？

（二） 当预测与故事的实际内容有些不一样时，该怎么办？引导学生重点说说：修正了哪些想法，谈谈对故事的理解。

【设计意图：预测内容和故事不同时，要及时修正预测，是本课教学新的知识点。在引导学生对比相同和不同的基础上，重点引导发现作者为什么这么写，体会故事构思的奇妙。让学生在主动积极的思维和实践中，学习及时修正预测，继续预测。】

四、拓展延伸，读题预测

（一）读读下面文章或书的题目，猜猜可能写了什么。允许学生有多种预测，只要有一定的依据就可以。

出示：《躲猫猫大王》《夏洛的网》《帽子的秘密》《柔软的阳光》《团圆》《小灵通漫游未来》

（二）验证预测，激发阅读兴趣。

出示故事梗概、目录或片段，学生验证自己的预测是否正确，如果不一样，猜猜作者为什么要这样写。

（三）鼓励学生去阅读以上故事，一边读一边预测，体验阅读的快乐。

【设计意图：根据课后提供的题目，猜测故事内容，引导在课外阅读整本书，感受猜测与推想给阅读带来的快乐。】

五、课堂总结

胡子对于胡萝卜先生来说是一个让他很苦恼的东西，可是，长长的胡子在路上却能够为他人提供帮助，可见，我们要正确对待自己不喜欢的东西，可能某些我们不满意的地方却有着很大的用处。

六、作业：创编故事，绘写结合

胡萝卜先生的胡子真的很神奇啊，帮助了那么多人，让那么多人快乐。当胡萝卜先生继续往前走，还会发生什么样神奇的故事呢？用你的画笔画下来，并写一写你的故事吧。

【板书设计】

胡萝卜先生的长胡子
帮助了小男孩→替代风筝线
鸟太太→替代绳子晾尿布
帮助别人　快乐自己

作业设计

1.看拼音，写词语。

fā chóu   nóng mì   jìn shì   jì xù

（   ）   （   ）   （   ）   （   ）

jiē kǒu   fēng zhēng   láo gù   piāo dòng

（   ）   （   ）   （   ）   （   ）

2.组词。

愁（   ）   近（   ）   晒（   ）   继（   ）   筝（   ）

秋（   ）   进（   ）   洒（   ）   断（   ）   争（   ）

3.胡萝卜先生的胡子还会继续长，他还会继续往前走，一路上，他的胡子还可以帮助谁，用来做什么呢？请发挥想象想一想，并写一写：

_____

_____

_____

悦纳不完美　坚持真自我

——《不会叫的狗》教学设计

贾绍春

教学目标

1. 培养学生听故事的技巧和预测故事的能力。

2. 借助绘本阅读，在观察、想象、表演中，让学生享受阅读的情趣。

3. 以故事的形式把孩子们引领进丰富的情感世界，培养学生发现自己潜力、做好自己的习惯养成教育。

教学重难点

1. 培养学生听故事的技巧和预测故事的能力。

2. 以故事的形式把孩子们引领进丰富的情感世界，培养学生发现自己潜力、做好自己的习惯养成教育。

教学准备

绘本图片、生字卡片、各动物头饰

课时安排

1课时

教学过程

一、提问导入

小朋友们，每个人来到这个世界上，都会有自己的使命和责任。你知道你的使命和责任是什么吗？

今天老师为你们带来了一个绘本故事，讲的就是一条不会叫的狗去到了一个没有狗的国家里，它会有怎样的命运呢？

【设计意图：通过提问的方式激起学生的阅读兴趣。】

二、介绍绘本

1. 仔细观察书的封面，你看到了什么？

2. 介绍故事题目、作者、翻译者、出版社。小朋友，看了这个漂亮的封面，你最想知道什么？

【设计意图：再一次激起学生阅读的渴望。】

三、讲故事，适时提问

1. 出示书的第一页图片 提问：小朋友，这上面画的是什么？（一只公鸡在唱歌，喇叭里钻出了一只小狗。）

2. 分享故事

（1）老师讲故事

从前，有一条不会叫的狗。它不会像狗一样叫，不会像猫一样叫，也不会像牛那样哞哞叫，更不会像马那样嘶鸣。这是一只孤零零的小狗，不知道怎么到了一个没有狗的国家。它并没有发现自己有什么毛病，是别人让它明白，不会叫其实是一种很大的缺陷。

师提问：是谁让它明白"不会叫其实是一种很大的缺陷"呢？那些人会对它说些什么？它会怎么办呢？

（学生猜一猜）

（2）谁猜得对呢？我们继续往下听。

那个国家里的其它人对小狗说："你怎么不叫？""我不会……我是外来的……""这算什么回答啊。你难道不知道狗是会叫的？""干吗要叫？""狗会叫，因为它们是狗。……它们白天叫得多，但晚上也叫。"……小狗不知道该怎么回答这些批评。它不会叫，也不知道怎么才能学会。"如果你们是这只不会叫的狗，你们会说些什么呢？

（学生自由发言）

（3）出示小狗和公鸡的图片，让学生想象接下来的故事情节，并且说一说接下来可能发生什么。

请学生自读课文第 10—17 段，看看自己的预测和故事本身的发展有什么异同。

（4）出示小狗和狐狸的图片，引导学生看小狗和狐狸的表情，猜一猜接下来又发生了什么？

生猜想，其他学生注意倾听、评价。

（5）小狗向公鸡学习了打鸣，结果让狐狸笑破了肚皮。这又是为什么呢？接下来又会发生什么呢？

（学生观察图，说一说）生想象故事发展，说一说自己的想法。

生自学故事第 25—37 段，和同桌交流你的看法

师：学杜鹃鸟叫的小狗被猎人盯上了，它很诧异：那个猎人准是疯了，竟然对狗开枪！狗跑啊，跑啊……

问：你认为小狗能跑过猎人的子弹吗？后来的故事会发生什么呢？

①你来猜猜看

请同学们自读课文，你觉得三个结局，可能是怎样的？说说你的理由。

②听老师读故事的结局，看看和自己的预测有哪些相同和不同。

③小结：这只不会叫的狗去到了一个没有狗的国家，它又怎么能学到真正的狗叫声呢？这只狗最后的结局是什么呢？我们想到了很多种可能。这大概就是作者的本意吧，让我们读故事，也让我们学着写故事。

【设计意图：要想引导学生掌握预测故事发展的能力，就要引起学生强烈的兴趣、抓住孩子们的注意，促使他们走进故事主人公丰富的情感世界，并让他们想说、乐说。所以课程开头设计恰当的导语，引起学生的兴趣，利用封面做简单的介绍。而且故事的呈现，没有全部讲完，留下一些伏笔，借此激发学生的学习动机，随时预测故事的发展，而且在说故事时，可以配合故事中的角色，使用一定的媒体或道具来协助教学，比较容易让学生产生对故事的兴趣。】

四、运用拓展

小朋友，你们喜欢听故事吗？老师这里还有一本故事书，想不想再一起来听读呢？（师根据自己学生的阅读情况选定书籍，师生共读。）

五、推荐阅读

《窗边的小豆豆》系列作品

板书设计

不会叫的狗

小狗

不会叫　喔喔叫　咕咕叫　汪汪叫

作业设计

1.组词：

仿（　　　）　没（　　　）　哄（　　　）　猪（　　　）　从（　　　）

访（　　　）　设（　　　）　洪（　　　）　猎（　　　）　丛（　　　）

2.请你猜测一下小狗还会发生什么事儿，并写下来，多写写动物间的精彩对话。

_____

_____

满招损 谦受益

——《陶罐和铁罐》教学设计

贾绍春

教学目标

知识与技能：

1. 认识"陶、罐"等 10 个生字，会写"骄、傲"等 11 个生字，正确读写"骄傲、懦弱、谦虚、代价"等词语。

2. 能抓住句中描写人物神态或动作的关键词，感受到铁罐的"傲慢无礼"和陶罐的"谦虚"，从而有感情地朗读陶罐和铁罐之间的对话。

过程与方法：

1. 默读课文，掌握抓住人物的神态、语言体会人物特点的方法。

2. 理解陶罐的谦虚宽容和铁罐的傲慢无礼以及懂得课文所蕴含的道理。

情感态度价值观：

明白本文的寓意：人都有长处和短处，要看到别人的长处，正视自己的短处。

教学重点

通过学习陶罐和铁罐对话、神态的描写，了解铁罐的傲慢无礼和陶罐的谦虚而不软弱。

教学难点

通过陶罐和铁罐的对话，体会陶罐的谦虚却不软弱，并能够有感情的朗读陶罐的语气。

课时安排

2 课时

教学过程

◉ 第一课时 ◉

一、生字入手，导入新课

1.师板书"缶"字。（出示缶的图片）

（1）大家想一想，这节课中哪几个字带有缶？

（2）教师随机板书。

2.大家见过陶罐吗？

（1）（屏幕出示陶罐图片）陶罐就是——用陶制作的，口小肚子大的罐子。

（2）（屏幕出示铁罐图片）手指屏幕，这是什么？

3.这节课讲的是谁和谁之间发生的故事？

（1）陶罐和铁罐。

（2）生随教师板书课题（补充缶）。师指导"罐"的写法。

【设计意图：从造字法入手，引导学生关注"罐"的偏旁为"缶"，感受汉字结合音、形、义造字的规律，从而学会归类，方便记忆生字书写。】

二、初读课文、解决生字

1.自由读课文，读准字音，将难读的词语画出来，多读几遍。

（1）生自由读课文，圈画生字。

（2）出示词语，个别检查。

争辩　恼怒　御厨　羞耻　懦弱　陶罐　奚落　轻蔑

掘开　朴素　流逝　宫殿　相提并论　和睦相处

预设点：

①重点指导懦弱、轻蔑、奚落、朴素的读音。

②虚，陶、罐的缶字书写要窄一些。

③出示和睦相处：[chǔ]1.居住 2.存在 3.跟别人一起生活 4.决定，决断

[chǔ]1.地方 2.点、部分 3.机关部门

师提问：在和睦相处中"处"读哪个音？

（3）生齐读、小老师领读、同桌互查。

2.思考：课文讲了一件什么事？

（1）学生自由朗读课文后小组讨论。

（2）出示课件，补充课文内容

国王的御厨里有两个罐子，铁罐仗着坚硬，常常（　　　）陶罐。若干年后，陶罐从废墟里挖出来依旧（　　　），而铁罐却（　　　）。

【设计意图：感知内容，掌握生字。】

三、再读课文，划出对话

1.找一找，陶罐和铁罐一共发生了几次对话？

2.生找到对话划出来，读一读。

3.将划出的对话多读几遍，尝试划出表示人物神态和动作的词语。

【设计意图：边读边悟，朗读为推手，带领学生逐渐走入故事情节、感受故事脉络、体会人物形象。】

四、指导书写 回归文本

1.学生随机交流表示人物神态和动作的词语。

2.指导"骄傲谦虚懦弱"的书写。

提示傲是"攵"而不是"夂"，虚字第三笔是横钩。

3.把词语送回到对话中读一读。

◉ 第二课时 ◉

教学目标

1.能抓住句中描写人物神态或动作的关键词，感受到铁罐的"傲慢无礼"和陶罐的"谦虚"，从而有感情地朗读陶罐和铁罐之间的对话。

2.理解陶罐的谦虚宽容和铁罐的傲慢无礼以及懂得课文所蕴含的道理。

教学重点

通过学习陶罐和铁罐对话、神态的描写，了解铁罐的傲慢无礼和陶罐的谦虚而不软弱。

教学难点

通过陶罐和铁罐的对话，体会陶罐的谦虚却不软弱，并能够有感情的朗读陶罐的语气。

教学过程

一、复习巩固，品读对话

1.（出示图片），经过上节课的学习，请你观察人物的表情和神态，说说故事中的两个主人公给你留下了怎样的印象？

（1）生自由交流

（2）课文哪一处让你感受到铁罐非常骄傲？

（3）原文中铁罐是怎么奚落陶罐的？

2. 出示对话

"你敢碰我吗？陶罐子！"

"不敢，铁罐兄弟。"

"我就知道你不敢，懦弱的东西！"

"我确实不敢碰你，但并不是懦弱。"陶罐争辩说，"我们生来就是盛东西的，并不是来互相碰撞的。说到盛东西，我不见得比你差，再说……"

"住嘴！""你怎么敢和我相提并论！你等着吧，要不了几天，你就会变成碎片，我却永远在这里，什么也不怕。"

（1）小组分工朗读课文，注意读出陶罐和铁罐的不同语气。

（2）请一个小组汇报朗读，其他同学注意倾听，看他们是否读出了陶罐和铁罐的不同特点。

（3）结合学生的朗读，进行评议，点拨理解。

预设点：

（1）你觉得铁罐有什么特点？找出表现他神态和动作的词句读一读。

（2）你觉得陶罐有什么特点？找出表现他神态和动作的词句读一读。

【设计意图：边读边悟，朗读为推手，带领学生逐渐走入故事情节、感受

故事脉络、体会人物形象。并尝试整合语言，用自己的语言表达自己对事物的看法。】

二、随堂练笔，整体感悟

1. 出示对话

"何必这样说呢？""我们还是和睦相处吧，有什么可吵的呢！"

"和你在一起，我感到羞耻！""走着瞧吧，总有一天，我要把你碰成碎片！"

（1）这里并没有写出陶罐和铁罐的神态，你能不能想象一下陶罐和铁罐当时说话的神态？

出示："陶罐（　　　）地说""铁罐（　　　）地说"

（2）在书本上写写，读读

指名同学分别说说铁罐和陶罐的神态，说好后读一读。

同桌两人，也分别加上神态，再来练习一遍。

2. 出示完整对话，整体感悟

（1）同桌自由练习对话

（2）全班男女生分角色朗读

（3）个别展示朗读（戴头饰）

【设计意图：通过朗读，想象人物当时的神态、动作、语言和心理，并会借助道具表演出来。】

三、以读代讲，总结寓意

1. 课件显示第10自然段，"时间在流逝，世界上发生了许多事情。"

（1）齐读后点红"流逝"，

学生利用近义词来理解。教师引导学生联系课文句子来理解。

（2）许多年过去了，陶罐和铁罐发生了什么变化？

2. 生快速默读课文11-17自然段，找出有关的内容。

（1）陶罐依旧和以前一样光洁、朴素、美观。

（2）连铁罐的影子都没见到。

3. 你想对陶罐和铁罐说些什么呢？

（1）陶罐，我想对你说＿＿＿＿＿＿＿＿＿＿

（2）铁罐，我想对你说＿＿＿＿＿＿＿＿＿＿

【设计意图：语文有不同的文体，在课文学习中要根据文体的不同渗透不同的文体知识，引导学生体会其中不同的特点。寓言学生已涉及很多，不会陌生，借助读、演、悟等方式引导学生理解寓言的寓意自然而然、水到渠成。】

四、链接阅读

1. 读通课本 20 页《北风和太阳》。

2. 说说故事中的北风和课文中的铁罐有什么相似之处。

小结：人们都说，寓言是现实生活的投影，联系生活中的人和事，可以帮助我们更深入的理解故事中的道理。《陶罐和铁罐》以及《太阳和北风》两篇寓言故事都告诉我们在生活中要多发现别人的（　　　），正视自己的（　　　）。

这两篇寓言故事都出自于《伊索寓言》，下课多读一读，相信你们收获更多。

板书设计

陶罐和铁罐

陶罐　　　　　铁罐

谦虚而不懦弱　　骄傲自大

作业设计

1. 我会正确地抄写词语。

恼怒＿＿＿　　荒凉＿＿＿　　朴素＿＿＿

价值＿＿＿　　吵嘴＿＿＿　　捧起＿＿＿

2. 读句子，结合语境写词语。

qiān xū（　　　）的陶罐和 ào màn（　　　）的铁罐。

窗台印象　人间至美

——《一个豆荚里的五粒豆》教学设计

钟月兰

教学目标

1. 认识"荚、豌、按、僵、苔"等8个生字，会写"豌、按、适、恐、枪"等16个字。抓住重点词句，理解课文内容。从不同的角度思考，并能自己提出问题。

2. 正确流利地朗读课文，体会童话魅力。

3. 理解文本的内容，体会小豌豆为人们做好事的美好心灵。从而使孩子们懂得生活中不能没有爱，爱是最伟大的，也是最幸福的。

教学重点

1. 认识"荚、豌、按、僵、苔"等8个生字，会写"豌、按、适、恐、枪"等16个字。抓住重点词句，理解课文内容。从不同的角度思考，并能自己提出问题。

2. 正确流利地朗读课文，体会童话魅力。

教学难点

理解文本的内容，体会小豌豆为人们做好事的美好心灵。从而使孩子们懂得生活中不能没有爱，爱是最伟大的，也是最幸福的。

课时安排

2课时

教学过程

◉ 第一课时 ◉

一、师生谈话导入

师：同学们，你们对豌豆熟悉吗？在通话世界里，豌豆也是有生命、有思想的。你们看——五颗小豌豆从豆荚房子里跳出来了，来到这个世界上，同学们想象一下会有什么故事发生呢？（教师板书：《一个豆荚里的五粒豆》）

【设计意图：通过师生谈话，自然引入新课。】

二、初读课文，整体感知

1.学生用自己喜欢的方式读课文，读准字音，读通课文。

2.学生自读课文。在读文过程中，勾画出自己不明白的地方。（先要求学生独立阅读，初步扫除语言障碍；再请学生在小组中互相帮助纠正读音；最后点名分段阅读课文，达到全班师生集体正音。）

3.谈一谈读完课文后的感受。

【设计意图：本环节通过引导学生在朗读中得出自己的感受。】

三、记忆字形，指导书写

1.分析记忆字形。教师要鼓励学生开动脑筋记忆

出示生字"荚、豌、按、僵、苔、囚、框、溢"

"框"是"木"加"匡"；"荚、苔"的偏旁都是草字头；"豌——碗"是形近字；"囚——因"是形近字。

2.书写指导。

出示生字：豌、按、适、恐、枪、耐、玻、璃、探、愉、绕、曾。

左右结构：豌、按、枪、玻、璃、探、愉、绕，书写时要左窄右宽；"绕"是左右结构的字，右上角没有一点。

上下结构：曾。

半包围结构：适。

指导学生按笔顺规则写字，并注意学生的写字姿势。

3.词语理解：

僵硬：（肢体）不能活动。

预感：事先感觉。

丰满：充足。

揭晓：公布（事情的结果）。

相称：事物配合起来显得合适。

囚犯：关在监狱里的犯人。

洋溢：指情绪、气氛等饱满而充分流露。

【设计意图：本环节通过各种方式来认真落实写字目标。】

四、课堂小结

1.学生抄写生字词。

2.有感情地朗读课文，感悟课文内容。

◉ 第二课时 ◉

教学目标

　　理解文本的内容，体会小豌豆为人们做好事的美好心灵。从而使孩子们懂得生活中不能没有爱，爱是最伟大的，也是最幸福的。

教学重点

　　1.抓住重点词句，理解课文内容。从不同的角度思考，并能自己提出问题。

　　2.正确流利地朗读课文，体会童话魅力。

教学难点

　　理解文本的内容，体会小豌豆为人们做好事的美好心灵。从而使孩子们懂得生活中不能没有爱，爱是最伟大的，也是最幸福的。

教学过程

一、复习导入

1.听写字词。

探出　愉快　盘绕　不曾　按照　舒适　恐怕　玩具枪

集体订正。

课文讲了一个什么故事？围绕着什么写的？今天我们继续学习第5课《一个豆荚里的五粒豆》(板书课题:《一个豆荚里的五粒豆》)

【设计意图:"温故知新",自然引入新课。】

二、理解课文

1.豌豆在家庭里的地位是怎样安排的？

(按照在豆荚里的排列顺序。)

2.豌豆为什么想出去？哪个词具体说明了想出去的理由？

("变得僵硬"具体说明了豌豆们已经成熟,想出去了。)

3.五粒豌豆即将分开时,它们的想法有什么不同？

(1)小组展开讨论,通过阅读,能从不同的角度提出问题。

(2)汇报交流。

分角色读。指导朗读:读出前四粒豌豆骄傲的语气。

4.表现了豌豆们怎样的性格？

第一粒豆和第二粒豆:自高自大。(板书:自高自大)

第三、四粒豆:满足现状(板书:满足现状)

第五粒豆:随遇而安,喜欢过平静的生活。(板书:随遇而安)

(让学生体会到:小豌豆的长大满足了小姑娘的愿望,使她鼓励起了战胜病魔的信心。)

朗读指导学生读出惊喜的感情。

5.其余几粒豌豆后来是怎样的？

指名朗读。

(板书:吃掉了落到脏水沟里)

小组讨论后回答。

6. 你还能提出什么问题?

（1）课文说被青苔包裹的豌豆像"一个囚犯"，但它却长得很好，为什么?

（2）母亲为什么要把一株豌豆苗说成"一个小花园"?

（3）掉到水沟里的那粒豌豆真的很了不起吗?

（4）小姑娘看到豌豆开花时的心情是怎样的?

小组讨论后回答。

生：我发现有的问题是针对课文的一部分的内容提出来的，有的问题是针对全文提出来的。

生：因为这粒豌豆正好落在青苔的缝隙里，适合豌豆的生长。

生：小女孩因为身体原因不能出去，即使到院子里都不能，窗台上的豌豆苗正好可以陪伴小女孩，也就是一个小花园，也是母亲一个美好的愿望。

生：一粒自大的豌豆没什么了不起。我还知道小女孩看到豌豆开花心情很好。小豌豆就是希望，是女孩对生命和生活的希望。

7. 伴随着豌豆苗的成长，为什么小女孩的病慢慢好了? 小组讨论。

生：豌豆的成长给了女孩希望，让女孩心情变好，女孩因此变得坚强，所以慢慢好起来了。这就是奇迹，是爱的力量。

【设计意图：本环节通过采用各种方式带领学生熟读课文呢，并采用小组合作的形式，让学生大胆进行交流、表达。】

三、拓展延伸

我们通过本课的学习，感受到了爱的幸福，爱的神奇，同时更感受到奉献爱是最崇高的、最伟大的。只要我们都献出一份爱心。世界将处处充满爱!

小姑娘对小豌豆很感激，假如你是小豌豆，你会对小姑娘说些什么?

板书设计

一个豆荚里的五粒豆

第一粒：飞向世界　被吃掉了

第二粒：飞进太阳　落到脏水沟里

第三、四粒：射的最远　被吃掉了

第五粒：该怎么样就怎么样　随遇而安　一株植物　爱

作业设计

1.读下面的词语 3 遍并用楷体抄写一遍！

探出　　愉快　　盘绕　　不曾　　按照　　舒适　　恐怕　　玩具枪

（　　）（　　）（　　）（　　）（　　）（　　）（　　）（　　）

2.默读课文，思考：五粒豌豆希望自己飞向哪里？最后它们又去了哪里呢？

	梦想去哪里	结果去了哪里
第一粒豌豆		
第二粒豌豆		
第三粒豌豆		
第四粒豌豆		
第五粒豌豆		

看完课文，你还有什么疑问吗？

疑问（1）：_____

疑问（2）：_____

疑问（3）：_____

你觉得哪粒豌豆最了不起？

_____

_____

慷慨　创造奇迹

——《巨人的花园》教学设计

钟月兰

教学目标

1.认识 8 个生字，会写 12 个生字。正确读写"洋溢、草翠花开、训斥、凝视、拆除"等词语。理解"洋溢"的意思及用法。积累文中描写景色的词句。

2.能正确、流利、有感情地朗读课文，根据课文想象画面。

3.通过朗读、品味、想象，感受童话的有趣，明白快乐应该和大家分享、做人不能太自私的道理。

教学重难点

想象画面，体会巨人的行动和心理变化，在层层读悟中理解童话所揭示的道理。

教学课时

1 课时

教学过程

一、猜字入题

1.师：同学们，猜猜这是什么字？

2.生答。

3.师：是的，这是"私"的金文字体。甲骨文"私"（厶）与"以"通用，像在胞衣中头朝下、尚未出生、不明性别不明模样的胎儿。篆文 = （禾，代表粮食、财产）+ （厶，胎儿）。造字本义：名词，不知其详的胎儿或暗藏的家产。有这么一个人说过这么一句话:"我多么自私啊!现在我明白为什么春天不肯到这儿来了。"他是谁?是的,他就是巨人,为什么春天不肯去巨人的花园呢?今天我们来走进《巨人的花园》来一探究竟,请同学们齐读课题。

4.生齐读课题。

【设计意图:由"私"字入手,带领学生走入巨人的花园,走近巨人,初步感受巨人的形象。】

二、师生共读课文,齐游巨人花园

(一)粗读感知

1.初读课文:请打开课文,同桌为伴,互相帮助,自由朗读课文,读准字音,通读句子。遇到困难也可以请老师帮忙。

2.师:刚才在同学们的朗读中,老师发现这些词有些难读,谁来帮忙读一读。

(出示词语)允许 喧闹 增添 训斥 拆除 斥责 凝视 覆盖 洋溢 冷酷 任性 孤独 愉快 火辣辣 围墙 告示牌 脸颊 隆冬

(1)自由读词语

(2)指名读(正音:"凝"后鼻音;拆、斥:翘舌音;火辣辣可以读第一声,还有哪些词也是这种类型的,举例)

(3)同桌互读,纠正读音

3.这些加横线的字是本课的生字,书空一遍,你觉得哪个字特别容易写错,你有什么小窍门教给大家。

你觉得还有哪些字容易写错的,请你选择一个端端正正地在书本上写一个。

4.同学们真了不起!这里还有一组词,肯定也难不倒大家,谁会读。

出示第二组生字:鲜花盛开 绿树成阴 鲜果飘香 狂风大作 雪花飞舞 北风呼啸

师:发现了吗,这些词有什么特点?你能说说类似的词吗?

【设计意图:边读边悟,朗读为推手,带领学生走进巨人的花园,感受巨人花园的美丽和勃勃生机。】

三、重点品读，感悟语言

（一）漂亮

同学们，当你们第一次见到这个花园时，它是个怎样的花园？从文中找个词形容它。

生寻找答案："很可爱"。

那么它的可爱具体体现在哪儿呢？请默读一遍，用横线画下来。

生默读并划出课文中描写花园的句子！

反馈：你找到了哪些句子？

生：园里长满了柔嫩的青草，草丛中到处露出星星似的美丽花朵。还有十二棵桃树，春天开出淡红色和珍珠色的鲜花，秋天结出丰硕的果子。小鸟们在树上唱着悦耳的歌，歌声是那么动听，孩子们都停止了游戏来听他们唱歌。

师：读完这段话，你觉得这是个怎样的花园？

生：这是个生机勃勃的花园！

师：生机勃勃用得真好，那请你来读，读出花园的生机勃勃来！

生读！

生：这还是个鸟语花香的花园。

师：那请你用朗读带我们进入这个鸟语花香的花园！

生朗读。

（二）荒凉

过渡：你还找到别的描写花园的句子吗？

"单单在巨人的花园里，仍旧是冬天的景象。"

1. 你仿佛看到了一个怎样的花园？（生板书：荒凉）

2. "仍旧"，可以看出什么？为什么用上这个词？

3. 此时村子里又是怎样的情景？（指名读）

春天来了，乡下到处开着小花，到处有小鸟歌唱。

4. 男女生对比读。

（还有让你觉得荒凉的句子吗？）

出示句子："高兴的只有雪和霜两位。他们嚷道："春天把这个花园忘记了，我们一年到头都可以住在这儿啦！"雪用他的白色大衣覆盖着青草，霜把所有的树枝涂成了银色。他们还请来北风同住。北风身上裹着皮衣，整天在花园里呼啸着。他说："这是个好地方，我们一定要请雹来玩一玩。"于是雹也来了。他每天总要在屋顶上闹三个钟头，然后又在花园里绕着圈子用力跑。"

（三）快乐

你还找到别的描写花园的句子吗？

"孩子们从墙上一个小洞爬进花园里来了，他们都坐在桃树上面。桃树看见孩子们回来十分高兴，纷纷用花朵把自己装饰起来，还在孩子们头上轻轻地舞动胳膊。小鸟们快乐地飞舞歌唱。花儿们也从绿草丛中伸出头来。这的确是很可爱的景象。"

1. 指名读，说体会，（生板书：快乐）想看看那快乐的画面吗？看图，看后想说什么？

2. 自由尽情读，读出快乐

3. "从那以后，巨人的花园又成了孩子们的乐园。孩子们站在巨人的脚下，爬上巨人的肩膀，尽情地玩耍。"发挥想象，把孩子们在巨人的花园里尽情玩耍的情景写下来！

生练笔并分享。

【设计意图：边通过朗读，引导学生将花园的前后景象进行对比，感受两种巨大的反差。促发学生思考这一切背后的原因。】

（四）归纳梳理，感悟巨人的心理变化

师：同学们，通过学习我们发现这是一个多么善变的花园啊！其实，善变的何止是花园呢，善变的还有巨人！请同学们回顾课文，巨人跟着花园经过了怎样的心理变化呢？

生交流："你们在这儿做什么？"他叱责道。——生气

"我不懂为什么春天来得这样迟，"——疑惑

"我盼望天气快点儿变好。"——期盼

"春天到底来了。"——兴奋、惊喜

"我多么自私啊！现在我明白为什么春天不肯到这儿来了。"——后悔

"我有许多美丽的花，可孩子们却是最美丽的花。"——诚恳

师：所以同学们，你们从巨人的心理变化中懂得了什么呢？

生交流。

师总结：是呀，赠人玫瑰手有余香，巨人的花园值得和大家一起分享！

【设计意图：人物内心往往隐藏于字里行间，随情节而变化。巨人的心理变化是由花园的不同景象而触动的，引导学生分析巨人心理变化过程，也就是一步步引导学生感悟这篇文章想要表达的深刻内涵"赠人玫瑰，手有余香"。】

板书设计

巨人的花园

开放：生机勃勃

关闭：了无生气

赠人玫瑰　手有余香

作业设计

1.【作者知多少】

_____

_____

2. 请你读读下面的句子，并感受下巨人当时的心情。

"你们在这儿做什么？"他叱责道。——（　　　）

"我不懂为什么春天来得这样迟。"——（　　　）

"我盼望天气快点儿变好。"——（　　　）

"春天到底来了。"——（　　　）

"我多么自私啊！现在我明白为什么春天不肯到这儿来了。"——（　　　）

"我有许多美丽的花，可孩子们却是最美丽的花。"——（　　　）

3. 如果巨人站在你面前，你会对他说什么？

_____

_____

_____

消失的泡沫　永存的深情

——《海的女儿》教学设计

钟月兰

教学目标

1. 认识本课"矢、蔚"等 7 个生字，积累生字组成的新词。
2. 自由阅读课文，了解故事大意。
3. 感受童话的奇妙，体会人鱼公主渴望看到地上世界的心情。

教学重难点

感受童话的奇妙，体会人鱼公主渴望看到水上世界的心情。

教学课时

1 课时

教学过程

一、简介作者，激发兴趣

1.（课件出示美人鱼的铜像）

师：在丹麦首都哥本哈根入口处的海面上，有一座铜像冒出水面——它告诉人们这就是丹麦。但铜像既不是丹麦的开国元勋，也不是丹麦某一个王朝的杰出英雄，而只是一个普通的女孩。她坐在一块石头上，若有所思地望着大海。她在沉思什么呢？谁也猜不出来。她没有腿，只有一条鱼尾。原来她是人鱼——"海的女儿"，是丹麦作家安徒生所写的一篇童话中的主人公。丹麦人民就是以这种方式来表达对安徒生的崇敬。

2. 说起安徒生，同学们并不陌生，说说你对他有哪些了解。（生交流搜集到的有关安徒生的资料）

【设计意图：通过自学和导入，了解安徒生以及《海的女儿》在文学史上的地位。】

二、初读课文，整体感知

（一）初读，解决字词

1. 学生自由阅读课文，注意读准字音，不认识的字标上记号，自己想办法解决。

2. 在读书过程中，标记优美的词句，写上自己的体会，不同意见可以与同桌交流。

3. 出示词语。

矢车菊　宫殿　珊瑚　蚌壳　皇冠　蔚蓝色　抚摸　硫黄　瞥见　鲸鱼亲昵　恰好

4. 指名读词语，相机解释词语意思。

【设计意图：通过自由读、同桌交流读和指名读等方法加深学生对生字词的掌握，为朗读全文做铺垫。】

（二）读懂文意

1. 快速读读课文，这是《海的女儿》的开头部分，说说你觉得奇妙的地方，再和同学交流那位最小的公主给你留下的印象。预设：

漂亮、可爱、古怪、沉静……

（板书：漂亮　古怪　沉静）

2. 再读课文，如果给课文划分段落，你认为会划为几个部分？在文中标示出来。

根据学生回答，出示：

第一部分（第1、2自然段）：海底深处有一座海王的宫殿。

第二部分（第3—6自然段）：海王和他的老母亲及六个美丽的公主生活在宫殿里，宫殿外是公主玩耍的花园。

第三部分（第7—11自然段）：海王的老母亲来说年满15岁可以浮到水面，小人鱼渴望最强烈。

【设计意图：通过划分段落了解人鱼公主的成长历程，初步感知她的特点。】

三、再读课文，深入分析

1. 快速朗读课文，说说海王的宫殿是怎样的？

它的墙是用珊瑚砌成的，尖顶的高窗子是用最亮的琥珀做成的，屋顶上铺着黑色的蚌壳，它们随着水的流动可以自动开合。这简直太好看了，因为每一个蚌壳里面都含有亮晶晶的珍珠。随便哪一颗珍珠都可以成为王后皇冠上最耀眼的装饰品。

（宫殿是用珊瑚、琥珀、蚌壳、珍珠做成的，说明宫殿非常漂亮。）

2. 朗读第三自然段，画出描写小美人鱼外貌的句子。

她的皮肤光滑柔嫩，像玫瑰的花瓣；她的眼睛是蔚蓝色的，像最深的湖水。不过跟其他公主一样，她没有腿，她的下身是一条鱼尾。

（连用连个比喻句，把她的皮肤比作花瓣，把眼睛比作湖水，说明她长得很漂亮！）

3. 美人鱼平时和谁游戏？他们会看到哪些景物？

她们可以把漫长的日子消磨在王宫里，在墙上长着鲜花的大厅里。那些琥珀镶的大窗子是开着的，鱼儿向她们游去，正如我们打开窗子的时候，燕子会飞进来一样。不过鱼儿会一直游向这些公主，在她们手里找东西吃，让她们抚摸自己。

（美人鱼可以和鱼儿自由玩耍，同时也说明美人鱼的伙伴少！）

宫殿外面有一座很大的花园，里边生长着许多火红和深蓝色的树木。

（她们可以到花园里欣赏美丽的风景，偶尔可以瞥见太阳。）

4. 朗读第6自然段，思考：小人鱼给你留下了怎样的印象？

可是最年幼的那位却把自己的花坛布置得圆圆的，像一轮太阳，同时她也只种像太阳一样红的花。她是一个古怪的孩子，不大爱讲话，总是静静地在想着什么。

（这两句话就说明小人鱼的性格古怪和与众不同，同时也说明她生活得自由自在。）

5. 指名读第7自然段，思考：小美人鱼最大的乐趣是什么？

她最大的乐趣是听关于我们人类世界的故事。

（听老祖母给她讲地上的一切美好的事情！）

6. 朗读第7—11自然段，想一想：正因为老祖母把地上的事物讲得太美好了，所以小人鱼都渴望干什么？

她们希望了解的东西真不知有多少！

（说明她们渴望了解地上更多的东西。）

不知道有多少个夜晚，她站在开着的窗子旁边，透过深蓝色的水朝上面凝望，凝望着鱼儿摆动它们的尾巴和翅。

（说明小人鱼比姐姐们都渴望到地上去看一看。）

【设计意图：由龙宫的环境入手，通过朗读带领学生进入人鱼公主的生活世界，真切体会她内心的感受，体会她对自由的渴望，并激起学生阅读全文的兴趣。】

四、分组探讨，体悟感情

1. 小组讨论：这篇课文表达了作者的什么感情？

（学生结合课文讨论，教师巡视）

2. 学生反馈汇报，教师指导：

这篇课文写了海底的宫殿里住着一群自由自在的美人鱼，其中最小的小人鱼渴望到地上的世界看一看，想了解更多的东西，表达了作者渴望光明和美好的生活。

五、课堂小结

1. 这节课我们读了《海的女儿》的开头部分，激发了我们想继续的阅读的渴望！同时也希望小人鱼能够实现自己的愿望！

2. 课下请同学们阅读完整版《海的女儿》。

板书设计

海的女儿

最小的公主：漂亮、可爱、古怪、沉静

充满幻想　大胆追求

导学单

1.通过查资料、问同学等方式，说说你了解到的安徒生：

_____

_____

2.抄写下面的词语两遍，并挑最喜欢的一个词语造句。

矢车菊　宫殿　珊瑚　蚌壳　皇冠　蔚蓝色　抚摸　硫黄

_____

瞥见　鲸鱼　亲昵　恰好

_____

造句：_____

3.赏析文段并仿写。

在海的远处，水是那么蓝，像最美丽的矢车菊花瓣，同时又是那么清澈，像最明亮的玻璃。然而它是很深很深，深得任何锚链都达不到底。

赏析：_____

_____

仿写：_____

_____

4.找出文中描写小人鱼的句子，并挑一处你最喜欢的写下来进行赏析。

_____

_____

_____

在预测故事中找乐趣

——《不会叫的狗》教学设计

詹扬樱

教学目标

1. 能一边读一边预测后面的内容。

2. 运用结局的预测方法，将自己所预计的结果和原文加以对比，运用多种预测的方法，体会阅读的乐趣。

3. 尝试用预测的方法阅读课外书。

教学重难点

重点：一边读一边预测和猜测故事的结果。

难点：运用的预测结果，将你所预期的结果和原文加以对比，并利用多样性的预测方式，体验阅读的快感。

教学准备

教学课件

课时安排

1 课时

教学过程

一、激趣导入

1. 介绍作者罗大里。

2. 谈谈生活中的狗。

（1）师：狗如果是人类的好朋友，你对狗有哪些了解。（指导学生对狗外

形和习惯观察）

（2）老师出示小狗"汪汪"叫的图片，加深学生对小狗的理解。

【设计意图：由生活中的小狗引入课题，符合学生认知特点。】

二、学习生字新词，整体感知课文

1. 出示词语

讨厌 发怒 批评 汪汪 来访 担保 压根

忍着 模仿 中弹 发疯 差不多 搞不清

跟老师认读，读准字音。

游戏识字巩固。

学习多音字"担"、"压"、"中"、"弹"，在具体语境中进行辨析与训练。

2. 再读课文，填一填

这篇课文主要介绍了一只不会叫的小狗，向 ____ 和 ____ 学习啼叫，结果却险遭 ____ 和 ____ 的毒手，因此作品在最后安排了三个结局，从而引发人们幻想故事的结局。

【设计意图：不管是略读课文还是精读课文，三年级阶段词汇的掌握都是学生学习的重点，尤其是多音字。在学生初读的基础上进行简单的梳理。】

三、学习课文内容

1. 读课文1至9自然段，想想：狗为什么会受到别人的说三道四？学习排比句的写法。

出示幻灯片：

"从前，有一只不叫的小狗。它不会像小狗那样叫，不象小猫那样叫，也不是象牛一样哞哞叫，更不会像马那样嘶鸣。

它对讨厌的家猫叫，对过路的陌生人叫，或者对着满月叫。在它快乐的时候叫，不安的时候叫，在发怒的时候也叫。它在白天叫得多，在晚上也叫。"

2. 请同学们大胆预测：接下来故事会怎么发展？为什么？

预设：小狗会遇到更多更奇怪的事情。

……

3. 阅读课文十至三十七自然段，小狗们在学习叫的过程中都遇见了什么动物？发生了什么情况？你怎样的猜测？结果跟课文一样吗？请填写下面表格内容。

遇到了谁	发生了什么事	我的预测	预测的依据	检视预测

4. 抓住"狗跑啊，跑啊"大胆预测省略号省去了哪些内容？

5. 默读第 38 至 52 自然段，预测：猜想故事的结局，说说你是怎样得出这几中结局的？

预设：

第一种结局

狗跑啊，跑啊，它跑到了一片草地上，一头小母牛正在那里安详地吃草。

……

"你听我：哞……哞……哞……有比这更好听的叫么？"

……

生：我依据阅读经验预测。小牛也会让小狗学牛叫，并且小狗们很快的就学习了。而通过课文内容"小狗以前跟公鸡和杜鹃学叫过后都给自已造成了很大的困扰"即可预知到，小狗的结果一定非常凄惨。

第二种结局

狗跑啊，跑啊，它碰上了一个农民。

……

生：我根据故事情况预测。小牛会让小狗学牛叫，而小狗也非常聪慧，能很快地就学习。而通过课文前面的内容，可预知到小狗的结局也非常悲催。

第三种结局

狗跑啊，跑啊，突然停住了，它听见一种奇怪的叫声："汪汪，汪汪……"

这叫声像在对我说什么，狗想，尽管我搞不清这是什么动物在叫。

"汪，汪……"

……

生：我根据课文内容预测。小狗们好不容易发现了同类后，在其他小狗的帮助下，小狗们迅速学习了狗叫，并最终发现了自己，从此以后就过上了正常的生活。

【设计意图：本单元在前面两篇课文中，同学们已经对边读边预测的方法有所了解，对于略读课文《不会叫的小狗》，可以尝试让学大胆去猜测故事的结局，学习熟练地运用预测方法阅读课文。在此基础上，尝试续编故事，引导学生体会文本的篇章模式，对故事结尾进行预测。】

四、课堂总结与延伸

1. 总结预测的方法。

（1）通过课文标题预测故事的内容。

（2）通过日常生活经历、读书经验，或借助插图、文章内容的线索等，预示着故事情节的进展与结果。

（3）边读边预测，及时调整自己的猜测。将自己的预测与原课文进行比较，看自己的预测的情节是否合理，提高自己的预测水平。

（4）发挥自己丰富的想象，预测情节发展的多种可能性，学会大胆地预测。

听同学或教师朗读课文，留意故事的结尾，看与你的猜测有什么一样和差异。

2. 出示原文结局，检视预测。

最后得出的结论，就是预测故事内容要有依据，既可以根据课文标题，也可依据插图，还可依据故事内容里的线索，或根据作者本人生活经历和知识。尽量合理推测整个故事。

3. 课堂总结。这篇童话通过对小狗不会叫而进行了丰富的想像，故事情节有趣而曲折，小狗们选择了向不同的老师学习，结果却不同。故事的结尾为我们设定了三个结果，这三个结果局让同学们大胆展开想象，没有固定的模式。我们要在今后的学习与生活中，要认真思考，小心慎重，选准目标，才不会白费功夫。

五、作业设置

预测结局：根据故事情节的发展，预测小狗还会有什么样的结局。

_____

_____

板书设计

不会叫的小狗

遇到了谁	发生了什么事	我的预测	预测的依据	检视预测

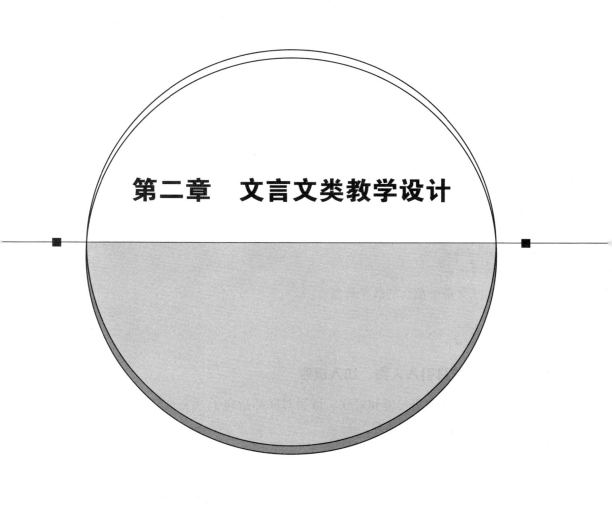

第二章 文言文类教学设计

四读《诫子书》品书中的教育智慧

——《诫子书》教学设计

李芙华

【教学目标】

1. 读通文意，掌握文中"诫""书""明""致""广"等实词的意思。

2. 反复诵读文章，品味文中蕴含的教子的智慧。

3. 理解"成才"与"学"的关系，树立远大志向。

【教学重难点】

品味文章中蕴含的教子智慧

【教学过程】

一、资料引入人物，切入课题

1. 齐读下面两句诗和对联。诗和对联都指向了一个非常了不起的人物，读后猜一猜，这个人是谁。

课件出示：

三顾频烦天下计，两朝开济老臣心——杜甫《蜀相》

一生惟谨慎，七擒南渡，六出北征，何期五丈崩摧，九代志能遵教受；

十倍荷褒荣，八阵名成，两川福被，所合四方精锐，三分功定属元勋。——成都武侯祠对联

2. 这个人就是诸葛亮。他不仅在《三国演义》中留下了许多让我们着迷的故事，还留下了一篇名传千古的《诫子书》。今天我们就要学习这篇《诫子书》。同学们都有做课前预习单吧？那我们现在来玩知识抢答的游戏，看看大家对一些基本的知识点掌握的怎样。（知识抢答）

【设计意图：通过引入诗和对联，拓宽学生视野，增加课堂趣味性。老师

在课前就将学生可以自主解决的问题解决，课堂上以知识抢答的方式检验，调动学生们的积极性，并充分遵循以培养高阶思维为目标的课堂注重学生自主性的特点。】

二、一读《诫子书》明文意

1.通过预习，完成课前预习作业，老师知道同学们对课文中重要的实词及文章的意思都掌握不错。现在同学们可将预习中遇到的难点提出来一起探讨。

2.通过交流合作，文章的意思都很清晰了。但是咱们今天的课题是读《诫子书》品书中的教育智慧，掌握一些实词的意思和文章的意思是远远不够的。《诫子书》为何能成为千古名篇？这才是我们要学习的重点。在深入解读之前，老师先给大家看看成文背景。出示文字：

建兴十二年，亮出武功（地名），与兄谨书曰："瞻今已八岁，聪慧可爱，嫌其早成，恐不为重器耳。"

（注释：嫌其大器早成，难以担当重任。重器，比喻能任大事的人。）

其年（建兴十二年）八月，亮疾病，卒于军，时年五十四。

【设计意图：传统的文言文的课堂，明文意应该是重点，但根据布鲁姆的教育目标分类，这是属于低阶思维的部分，也是学生可以自主完成的版块。在明文意这里，课堂教学只是用来解决课文中的难点，这样既节省时间，又为解决重难点内容留出了充裕的时间。】

三、二读《诫子书》品智慧

1.通过阅读这些资料，我们知道《诫子书》是诸葛瞻八岁的时候，诸葛亮写给他的信。诸葛亮在信中对诸葛瞻早慧忧喜参半，同时又给予了极高的期望。信后不久，诸葛亮就辞世了。那时八岁的诸葛瞻并不一定能读懂这些深奥的内容。但假设此时你们是诸葛瞻，你正在吊唁诸葛亮，站在诸葛亮的墓前，读着饱含深情的《诫子书》，会有怎样的感受呢？请大家自主品读《诫子书》，读完后小组思考并讨论《诫子书》究竟蕴藏着怎样的智慧。

2.生讨论，师明确。

预设：

（1）智慧一：诸葛亮告诉我：要屏除杂念和干扰，宁静专一修身养性，要通过勤俭来培养品德。

请生说出相关句子，师出示相关句子：

夫君子之行，静以修身，俭以养德。非淡泊无以明志，非宁静无以致远。

诸葛亮不仅是这样说的，更是这样做的。引入资料补充：

关于淡泊：臣本布衣，躬耕于南阳，苟全性命于乱世，不求闻达于诸侯。——诸葛亮《出师表》

关于节俭：亮命葬汉中定军山，因山为坟，冢足容棺，殓以时服，不须器物。——《三国志·诸葛亮传》

诸葛亮言行高度合一，所以他的孩子都愿意听从他的教导，也就是对联中"九代志能尊教受"。

（2）智慧二：学习要保持内心的宁静，增长才干要依靠学习。只有有远大的志向，才能学有所成。

指引学生说出相关句子，师出示句子。

夫学须静也，才须学也，非学无以广才，非志无以成学。

智慧三：告诉诸葛瞻珍惜时间，趁着年青多学习，力争有所成就。

指引学生说出相关句子，师出示句子。

年与时驰，意与日去，遂成枯落，多不接世，悲守穷庐，将复何及！

【设计意图：此部分是对文意的进一步巩固，在这里教师不要求学生一一翻译句子，而是以"诸葛亮的教子智慧"统领全文，让学生们从文中提炼信息。这不仅需要学生对课文熟悉，还需要学生在此基础上综合、分析、评价，对学生的思辨能力提出了较高的要求。此外，创设情境，让同学们化身为诸葛瞻，情境变化，身份转变，增加了文章的亲和力和课堂的趣味。】

3.诸葛亮劝诫儿子，要珍惜时间、要淡泊明志宁静致远。这都是千古真理。但作为一个父亲，他的智慧远远不止这些。请大家再次读文章，关注诸葛亮和儿子说话的方式，并和小组成员讨论讨论，看看有什么特别的地方。如果你需要帮助，请将屏幕上的文字和课文对比。

出示：

君子之行，静以修身，俭以养德。淡泊以明志，宁静以致远。学须静，才须学，学以广才，志以成学。

生讨论，答疑，师明确。

预设：

智慧四：文章使用语气词，使语言舒缓，展现慈父的苦心，让道理容易让孩子接受。

师明确：诸葛亮不是硬邦邦的讲道理，他用了一些语气词，如"夫""也"等，语气柔和，孩子易于接受，这是诸葛亮的聪明之处。

智慧五：文章使用了双重否定句，语气委婉而又强烈。

师明确：一个"非"一个"无以"，以双重否定的形式，语气强烈又柔和，倾注了诸葛亮了对儿子的无限期望。

语气词和双重否定，让一篇教育孩子的文章变得和善可亲，易于接受。若我们继续向后阅读，还会发现诸葛亮采用了正反对比说理的方式，使他的劝诫更加有说服力。哪里用了这样的说理方式呢？

预设：淫慢则不能励精，险躁则不能治性。

智慧六：劝诫艺术高明，从正面进行教导，从反面进行论证。

4.《诫子书》说的道理博大精深，说理的方式也委婉动人，这大约是它能流传千古的原因之一吧。

【设计意图：《诫子书》内容精彩，说教的方式也有妙处。这一部分对学生而言较难，在教学的过程中，教师首先明确提示学生，并通过文章变化，如去掉语气词、改变句式等方式来让学生感受文章说理的巧妙，对于难点，教师给予足够的支持，让学生在读文、研讨的过程中得出结论。】

四、三读《诫子书》通道理

1.诸葛亮写下这篇《诫子书》无非是期待年幼的诸葛瞻长大后能成才。读完文章，请问各位诸葛瞻们，你们只要好好学习，就能成才对吗？

2.生思索，师明确：要想成才，不仅需要勤学，还要"修身""明志"，"静"是修身之本，"志"是学的指明灯。我们可以总结成：要想成才，修身是基石，志向是指引，"学"是我们成才的途径。

【设计意图：对于一篇富于教育意义的文章，读通、读懂不意味着结束，读完后的收获也很重要。初中阶段的学生能意识到学习的重要性，但是仅仅学并不能成才，在这里，教师借文本请学生思考成才和学之间的关系，加深学生对文本的理解，鼓励学生树立远大的志向。】

五、四读《诫子书》立志向

一篇《诫子书》，八十六字。蕴藏着博大的智慧，各位诸葛瞻们，诸葛亮已经去世几十年了，此时，已经成年的你在他的墓前，读着八岁那年他写给你的信，感受着他对你无尽的爱和期待，心中一定百感交集，那么，请各位诸葛瞻在课后给诸葛亮写封信吧。将你心中所感，诉诸纸上。

【设计意图：在课堂中设计学生的身份为诸葛瞻读父亲的信，读完信后回信是理所当然，读懂了父亲的信后学生会有怎样的收获？可以是关于修身、可以关于立志、可以关于成才，也可以关于说理方式，学生们可说的内容很多，这是对课堂内容的回顾，也是对课堂开始的照应。】

板书设计

诫子书

智慧 ┤

1. 宁静修身勤俭养德
2. 学以广才志以成学内容 ┐ 内容（表达内容）
3. 珍惜时间
4. 使用语气词
5. 双重否定句式方式 ┐ 形式（表达方式）
6. 正反对比说理

"闲"人不闲

——《记承天寺夜游》教学设计

肖　翔

教学目标

1. 积累文中实虚词，根据课文注释，借助工具书，联系上下文，疏通全文，背诵全文。

2. 了解作品的写作背景，进一步了解苏轼。

3. 逐字逐句探讨文本细微之处，养成细读文本的习惯。

4. 感受"闲"的丰富内涵。

教学重难点

疏通全文，析读文本，感受作者情怀。

教学过程

一、解题导入

1. 记：一种文体。我们还学过哪些"记"？

2. 由"承天寺"你能想到些什么？

3. 由"夜游"你能想到什么？

【设计意图：以旧知引入新知，让学生主动地参与阅读活动。阅读不是被动地接受，更是主动地参与。】

二、初读赏析

1. 作者描绘的是怎样的月夜？

2. 能不能把"水中藻荇交横，盖竹、柏影也"换成"竹柏影如水中藻荇交横"？

3. 比较"藻荇"、"竹柏"图片，这两者像吗？为什么该比喻成为著名的写月色的妙喻？

4. 作者为什么能够细腻的感受到月之美呢？

【设计意图：初步赏析"庭下如积水空明，水中藻荇交横，盖竹、柏影也。何夜无月？何处无竹柏？但少闲人如吾两人者耳。"作者无一字写"月"，却无处不是皎洁的月光，动静相承、互相映衬、比拟、比喻的精当，最后引出作者能发现如此美景的"闲"字所在。】

三、精研课文

（一）品析叙事部分

1. 知人论世介绍作者（可提前布置，由学生收集相关资料）

2. 全文 84 字，"元丰六年十月十二日夜"就 10 字。为什么这样写？

3. "解衣欲睡"从这句话你感受到作者怎样的心情？联系上下文和作者的经历及诗文猜一猜。

【设计意图：福楼拜说过，写文章时，能恰当表现一种意思的只有一个词，作家的任务就是要把那个词找出来。此部分旨在引导学生明白：阅读的任务就是要把作者用心良苦的地方挖掘出来，用心去品味。前面叙事部分看似平淡，实则是全文不可分割的部分。】

（二）分组探讨

第一组探讨：月色入户，欣然起行。

第二组探讨：念无与为乐者，遂至承天寺寻张怀民。

第三组探讨：怀民亦未寝。

第四组探讨：相与步于中庭。

【设计意图：依例探讨文章细微之处，感受苏轼心情的变化，及苏轼与张怀民两人相知相怜、情怀旷达的心灵默契，和"知音难觅"的可贵。】

四、再谈"闲"情

了解作者，细致揣摩文中叙事部分，我们是否对该句"何夜无月？何处无竹柏？但少闲人如吾两人者耳"有了更深的理解？

【设计意图：引导学生探讨"闲"的丰富意蕴：有一点自嘲，有一点自慰，有一点自乐；有一点讥讽；更有超越自我和世俗的清逸和豁达。作者以清旷的词句写出厚重的人生感慨，是诗人对磨难的超越。】

五、拓展延伸

阅读余秋雨《黄州突围》一文，了解苏轼被贬黄州的经历。

【设计意图：进一步了解苏轼被贬的原因及背景，在复杂的社会背景之下，深入感悟苏轼在《记承天寺夜游》中"闲"人情怀的复杂性与难能可贵。】

六、课堂总结

今天我们不仅学习了读课文的方法——不放过一个字，用比较法挖掘作品内涵，并且通过实践来探究了苏轼的精神世界，今后我们还需要通过一生去体会感悟这样的文学、文化盛宴。

七、作业

1. 翻译全文
2. 作文：我眼中的苏轼

归去来兮？

——《桃花源记》教学设计

肖　翔

教学目标

1. 根据桃花源描写和渔人行踪，理清文章思路，掌握课文内容。

2. 体会作者对"世外桃源"般美好社会的向往和追求。

3. 在与谢灵运"归隐"的对比中感悟隐士的精神文化内涵。

教学重难点

通过群文对比阅读来梳理陶渊明和谢灵运归隐的异同点，感悟隐士文化。

教学过程

一、初探桃源

渔人进入桃花源后，看到了一个怎样的世界？

【设计意图：引导学生概括课文内容，唤醒记忆。】

二、再寻桃源

（一）渔人出桃花源时，"处处志之"，为什么再次前往时，"寻向所志，遂迷，不复得路"？

（二）文章结尾写刘子骥寻访桃花源的情节是否多余？

（三）陶渊明为什么要虚构这样一个"桃花源"呢？

【设计意图：引导学生发现桃花源的虚构性，结合社会背景，感悟陶渊明对美好社会的向往和追求。】

三、桃源之辨

（一）阅读群文链接

1. 陶渊明

陶渊明是我国第一位田园诗人，擅长诗文词赋，田园生活是陶渊明诗歌创作的主要题材。陶渊明的田园诗与他的人生经历关系密切，他洁身自好，不愿与世俗同流合污、也不愿屈身逢迎，为官之路艰辛坎坷，终日郁郁不得志。仕途坎坷与满腔抱负无法实现使他开始向往自然风光与田园生活，在归隐田园后，他创作了大量作品，归隐情怀也贯穿于他诗歌创作的整个过程。

陶渊明出生衰落世家，东晋的将领陶侃是陶渊明的曾祖父，陶侃功勋显著，曾做过大司马。陶渊明的祖父陶茂做过当地太守，但到陶渊明的父亲这一代似乎就没有什么官职，闲赋在家。陶渊明曾称赞其父恬淡清净，这样的性格或多或少对陶渊明之后归隐田园生活产生了一些影响。父亲去世后，陶渊明为了生计，走上了为官之路，但却因"不堪吏职，少日，自解归"，后迫于贫困潦倒的生活再次重新返回官场。仕途的坎坷与生活的压力让他几次出世入世，最后迫于无奈选择归隐他所热爱的田园生活。

陶渊明 8 岁丧父，12 岁庶母卒，"弱年逢家乏"，早年家道衰落。他因家境所迫，告别了"弱龄寄事外，委怀在琴书"的生活而"投耒去学仕。"他的出仕更多的是出于物质需求下的无奈，而不是源于深切的济世之心。时间不长，他却自动解职而归了。从"不堪吏职，"和"志愿多所耻"两句中，我们隐约可以体察到做官生涯给陶渊明带来的精神磨难。森严的门阀世族制度、官场中无情无耻的倾轧，这对不擅交际、性本爱丘山的陶渊明来说肯定是难以忍受的。所以他的辞官归隐也就是"势所必至，理有固然"的事了。

陶渊明在彻底告别官场之前，其间亦多次短期出仕。综合而言，一种较为公认的说法他曾断断续续五次出仕，最后一次，就任彭泽县令，彻底归隐田园。这一次之所以退隐，据《晋书·陶潜》本传及《归去来兮辞·序》记载，是因为内部个人"质性自然"，再加上妹妹去世奔丧的需要，"情在骏奔，自免去职"。外部则不能忍受各种繁文缛节、阿谀奉承、潜规则，陶渊明不愿迎合长官，在内外各种原因下，一怒而去职。

陶渊明选择了归隐这条路，那他就不得不面对贫穷的问题，家里五个儿子都不成器，生活又极其贫穷，一场大火把房子都烧光了，没有房子，全家人都挤在船上过日子，生存来源只能靠亲朋好友的接济！在晚年的时候，陶大诗人写了一首诗反映了他家的一些情况，这首诗的名字叫"乞食"。世事无常，陶渊明选择了归隐的这条路以后就没有富有过，一直都是贫病交加，最后颓然离世。但他一直是一个幽默的人，即使再难的生活，他都能豁达面对。

陶渊明的田园诗倾注了他满腔的热爱，大都表现了他的归隐情怀，他高度赞美田园，用日暮、飞鸟、草木、桑麻、庐舍等田园意象寄托自己的情感，营造了一种自然淳朴的田园意境。这一切，与他田园生活的丰富体验是分不开的，他积极参加生产劳动，尽管身体劳累，但他顺从内心，与农民相处和谐，这一点对他思想的进步以及田园诗在日后取得的成就起到了很大作用。从陶渊明的诗歌可以看出，他把自己的归隐情怀清晰地表现在了他的田园诗中，他以静谧美好的田园风光对比丑恶不堪的官场，表达了他对田园归隐生活的热爱之情，同时隐含着对黑暗社会政治的极度厌恶，以及不与世俗社会同流合污的高尚品格。陶渊明平淡醇美的诗句折射出了田园诗自然恬静的艺术风格和热爱田园生活、淡泊宁静的思想境界。

陶渊明积极的影响有当人们失意颓废的时候可以学习陶渊明醉心山水，与自然合一，同时也提醒人们要与自然和谐共处；当人们遇到不顺的事情却又无法改变而苦恼的时候也可以学习陶渊明暂时"归隐"一下，沉淀自己，用自然的纯真净化心灵，然后更有信心地继续前行。陶渊明的归隐思想也提醒人们可以暂时做一个"守拙、抱朴"的人，做在别人看来可能有点"傻"的人；当人们遇到可能与初心相悖的但可以快速成功的两难境地时，我们可以像陶渊明坚守他的归隐思想一样坚持初心，并坚持不懈地完成最初的梦想。

2. 谢灵运

谢灵运家世显赫，出身于东晋望族"陈郡谢氏"，其祖父谢玄乃是淝水之战主帅，故刘氏赐其世袭"康乐公"，其父谢瑍，仕至秘书郎，其母为王羲之与郗璿的独女王孟姜的女儿刘氏。更难得的是，文帝刘义隆喜爱舞文弄墨，十分欣赏谢灵运的才华。可以说谢灵运是幸运的，生长在好家庭，生逢好时代，还遇到了欣赏、愿意栽培他的好领导。

谢灵运的性格、命运与家族运势的变化紧密联系。谢玄才高德望，乃开国功勋，但臣子位高权重，天子定忌惮惶恐。谢氏家族虽被封爵，而朝政要事刘裕及其子文帝都不愿谢氏干预过多，故谢氏子弟一直是"闲职厚禄"。倘若一般人位居闲职得厚禄，定高兴不已，可谢灵运自视有经世之用、如斗之才，自视其才能宜参权要，面对此般形势自是不甘。

谢灵运升任侍中时，每天早晚被召见，很得文帝的宠爱。谢灵运的文章书法都独步当时，他每次作文，都亲笔抄录，文帝称他的文章和墨迹为二宝。既然自己是名人，谢灵运觉得自己应该参与朝政，开始被召见时，便这样自许，但召见之后，文帝却只把他当成一个文人而已。他每次和文帝在一起喝酒时，文帝不过让他谈论诗文而已。王昙首、王华、殷景仁等人，名声和爵位一直在他之下，却同时被宠待，谢灵运心中不满，往往推说自己有病而不上朝，只管修筑池塘、种植花树、移栽修竹、摆弄香草而已，并且无休止地让衙门里的劳役服务于他个人。出城游玩，有时一天走一百六七十里，往往一走就是十多天，既不上书请示，也不请假。宋文帝见此情形想将其免职，但又不想直接下旨将其免职让他颜面丧尽，便暗示他主动辞官。谢灵运于是上表称自己有病，皇帝让他休假回家乡休养。他临行之前，又上了一道奏疏劝宋文帝趁着北魏太武帝拓跋焘西征胡夏国的时机，夺取河北。宋文帝不从。

谢灵运被贬之后，无心政事，整天游山玩水，穷幽极险，从者数百人，伐木开径，百姓惊扰，以为山贼。于是有人告谢灵运有异志，谢灵运慌忙跑去朝廷辩解，被调任临川内史，到任后，他游放自若，废弃郡事，为有司所纠。朝廷派人缉拿他，谢灵运竟把朝廷使者抓起来，带兵逃逸。被捕后，皇帝爱其才，免其死罪，发配广州。没多久，又有人告谢灵运密谋造反，这一次，谢灵运的死期到了，在广州被处以死刑。

首先，谢灵运面对山水的态度是主动的，访山寻水亦改山造水，他是以自己的力量去改造客观事物从而使得山水符合自己的主观审美。他率领"义故门生数百，凿山浚湖，功役无已。尝自始宁南山伐木开径，直至临海，从者数百人。临海太守王琇惊骇，谓为山贼"。

其次，谢灵运对山水是有自我选择性的。他不喜欢庸俗的为人熟知的景区，而要自己开拓山水，探寻不为人知的奇山险境，可见谢灵运是个追求刺激、具有冒险精神、颇具个性的人，更可以看出前面我们提到谢灵运的性格是狂傲清高的，而他的内心是寂寞的，所以表现在他对于山水的选择上，他青睐奇异的山水，为了探险奇观他不惜财力、物力与人力，甚至置生死于度外。

谢灵运是中国古代的旅游家，他将自己的大部分时间花在旅游上。谢灵运的旅游，追求的是精神上的放松和享受，他淡泊名利，只愿实现自己的人生价值，寻求精神上的满足。谢灵运在其山水诗文中，给人呈现出一种美的享受，他将自己旅游中看到的色彩、听到的声音，写进自己的诗文中，给人呈现一种情景交融的场景，给人鲜明、敞亮的感觉和印象。

除此之外，谢灵运的旅游活动，也属于探险生活，他经常选择一些奇险、陡峻的山峰作为自己旅游的目标，而且他还热衷于这种旅游探险，在挑战自己勇气，挑战山水风景时，谢灵运可以获得无穷的乐趣，可以说是古代第一位攀岩运动的先行者。为了探险旅游，谢灵运发明了"'登山鞋"——一双木制的钉鞋，上山取掉前掌的齿钉，下山取掉后掌的齿钉，于是，上山下山分外省力稳当，这就是"谢公屐"。他还在一些陡峭山峰上建造了亭台，便于旅游人士歇息。

谢灵运旅游中创作的山水诗文，流传后世，促进了中国旅游文化的建设和发展，对中国旅游文化的发展有着重要的意义和深远的影响，他为后世留下了宝贵的旅游遗产。

（二）结合问题小组讨论

问题：同样是隐士，陶渊明和谢灵运的归隐有何相同点和不同点？

（三）交流汇报

【设计意图：学生已经提前阅读过导学案中的群文资料，由小组讨论找出资料中的重点句子，从而能够通过生平、性格、结局等方面对比出陶渊明与谢灵运归隐的相同点和不同点。】

四、归隐之思

陶渊明与谢灵运最后的结局如何？带给你怎样的启示？

资料：

"或隐居以求其志，或曲避以全其道，或静己以镇其躁，或去危以图其安，或垢俗以动其概，或疵物以激其清。"

——《后汉书》

【设计意图：通过比较两人性格和结局的不同，将两人的归隐特点用词语进行概括，并结合《后汉书》中对隐士类型的概括，最后感悟隐士的精神世界和人生追求。】

五、拓展延伸

阅读陶渊明《归园田居·其一》，体会其表达的情感。

资料：

《归园田居·其一》

误落尘网中，一去三十年。

羁鸟恋旧林，池鱼思故渊。

开荒南野际，守拙归园田。

方宅十余亩，草屋八九间。

榆柳荫后檐，桃李罗堂前。

暧暧远人村，依依墟里烟。

狗吠深巷中，鸡鸣桑树颠。

户庭无尘杂，虚室有余闲。

久在樊笼里，复得返自然。

【设计意图：根据陶渊明的出世情结，再次感悟他在诗中所表达出的归隐田园、回归自然的情感。】

六、课堂总结

归隐是一种人生选择，隐士代表着一种人生态度。

无论现实多么残酷，我们都应勇敢直面人生，直面内心，做一个真"隐士"！更要做一个，富贵不能淫，贫贱不能移，威武不能屈的真·勇士！

七、作业

你还知道哪些古代文人追求归隐，可以称作是"隐士"吗？请上网搜集相关资料，写成一篇研究型的小论文。

板书设计

陶渊明：穷 – 做官 – 内敛 – 不堪 – 田园 – 贫病交加 – 从心
谢灵运：富 – 从政 – 狂放 – 被贬 – 山水 – 当街处死 – 从心

"陋室"不"陋"

——《陋室铭》教学设计

肖 翔

【教学目标】

1. 掌握文言文词汇，了解"铭"的特点。
2. 理解作者不慕荣利、保持高尚节操的愿望和不求闻达、安贫乐道的情趣。

【教学重难点】

掌握文言词汇，学习作者安贫乐道，不爱慕虚荣、追求名利的高尚品格。

【教学过程】

一、趣味导入

在大唐的历史上，有一位性格倔强的诗人，三十四岁那年，因为参加政治革新活动，正感到春风得意的他，一觉醒来却被赶出了朝廷。十年后，召回长安，因到玄都观去赏桃花，写了一首惹祸的诗："紫陌红尘拂面来，无人不道看花回。玄都观里桃千树，尽是刘郎去后栽。"因为这首诗，他又被贬到连州。一贬又是十四年，等他五十七岁再回到长安时，玄都观里的桃花已荡然无存，只剩下一片乱草。这个人求异心理很强，干什么都想与众不同，不肯人云亦云。悲秋，从来就是诗人的通病，他却偏要反其道而行之，认为天高气爽的秋天使人心胸开阔，更有诗意。他就是刘禹锡。这篇《陋室铭》是他被贬为和州刺史时在任上写的。

【设计意图：通过作者刘禹锡的个人经历进行趣味导入，激发学生学习兴趣，引出新课。】

二、初释陋室

齐读课文，形成完整印象。由读课文或默看注释，理解句意，读懂课文。遇到疑难，互相讨论。

【设计意图：引导学生在古文朗读的基础上，体会文章句式特点、铭文特点，并读懂课文。】

三、感受陋室

1. 陋室的自然环境是怎样的？
2. 陋室的陈设是怎样的？
3. 陋室往来客人有哪些？
4. 文章还提到了哪些陋室？
5. 陋室，真的陋吗？

【设计意图：本环节立足文本语境，关注学生的阅读感受，摈弃过多的讲解，尊重学生的阅读感受，让学生在陋室的形象再造中，走近刘禹锡，体会那份不慕荣利、安贫乐道的情怀。】

四、装扮陋室

准备一些简单的道具（或者是写着某种物品名称的牌子）供学生选择，看看哪些适合摆在刘禹锡的陋室之中？选择之后，请学生讲出理由。

提供的物品有：（1）文房四宝（2）金麒麟（3）虎皮太师椅（4）官府的公文（5）佛经（6）不加装饰的琴（7）锦衣玉食（8）先秦诸子散文

【设计意图：本环节目的是让学生真正读懂刘禹锡。一间王公大厦，装饰华美，金碧辉煌，想要得到它，必须说很多违背良心的话，做许多丧尽天良的事，刘禹锡不会为此放弃自己的原则。若有斗室一间，简陋异常，但是有青山绿水、知音相伴，如此朗润之境，正是刘禹锡的钟爱。】

五、探究陋室

谈谈你对陋室主人刘禹锡的人生态度和生活情趣的看法。

【设计意图：引导学生探讨学习刘禹锡不慕荣利、安贫乐道的精神，并引导学生明白：阅读古人的作品，要择其善者而从之，其不善者而改之。学习古人作品不仅要有历史眼光，更要用现代的眼光，对古人的道德品质要批判地学习，不断提高自身的修养。这是我们学习古人作品的最高境界。】

六、拓展延伸

读先生美文，写我辈心声。仿写：《_____铭》。

【设计意图：学生可以模仿课文的写法，可以语文、学习、教室、家居……为写作题材，写出新意，写出文采，从而进一步在写作中体会铭文的特点。】

七、课堂总结

《陋室铭》是流传千百年的名篇，平静地学过一遍之后，心再次悸动起来，优美的文字、深远的意味、高尚的情怀，让现实的苍白无法遁形。我们感受到了刘禹锡的生活及情怀，体会到了一个寂寞文人难言的寂寞，进而懂得了作者的那份情怀，相信那份感悟会让我们享用终生。

八、作业设计

1.翻译并背诵全文。

2.进一步搜集资料，了解"南阳诸葛庐，西蜀子云亭"的故事，梳理出诸葛亮、杨雄、及刘禹锡在个人经历之中所具体体现的淡泊名利的共同品质。

品读《三峡》领略三峡之美

——《三峡》教学设计

肖爱峰

教学目标

1. 反复朗读课文，借助注释和工具书，整体感知内容大意并积累常见的文言实词和虚词。

2. 反复诵读课文，品析三峡不同季节的景物特征，领会三峡景色之美。

3. 体会作品的意境，感受作者的思想感情。

教学过程

一、资料导入，激发兴趣

1. 李白在《早发白帝城》中对三峡的描绘：朝辞白帝彩云间，千里江陵一日还。两岸猿声啼不住，轻舟已过万重山。

2. 学者余秋雨心中的三峡：一个外国好友曾经问他说："中国有意思的地方很多，你能告知我最值得去的一个地方吗。余秋雨毫不犹豫得说，那便是三峡。

3. 播放"长江三峡"视频，领略三峡风貌。

4. 郦道元，北魏地理学家、散文家，他好学，历览奇书，撰注《水经》四十卷。千年之前，他也用漂亮的文字给我们展现了三峡之美。

同学们，三峡的魅力古来有之，下面让我们一起走进课文，去领略她的神奇。

【设计意图：通过诗人、学者等曾经对三峡的描述和赞美，拉近三峡与学生之间的距离，让学生产生了解三峡风光的强烈兴趣，走进《三峡》文本的迫切之情，激发学习内驱力，主动性和积极性，为接下来的自主合作学习环节，奠定了良好的学习基础。】

二、理解文意，理清脉络

1. 初读课文，读准字音，读通课文

正音：阙（quē）　叠嶂（zhàng）　曦（xī）　月襄（xiāng）　陵沿溯（sù）素湍（tuān）　绝巘（yǎn）　长啸（xiào）　属（zhǔ）引　哀转（zhuàn）

2. 再读课文，读准停顿，读顺语句

朗读停顿训练重点：

自 / 三峡七百里中

自非 / 亭午夜分，不见曦月

至于 / 夏水襄陵

沿溯 / 阻绝

或 / 王命急宣，有时 / 朝发白帝

其间 / 千二百里，虽 / 乘奔御风 / 不以疾也

则 / 素湍 / 绿潭，回清 / 倒影

清 / 荣 / 峻 / 茂

故 / 渔者歌曰："巴东三峡 / 巫峡长，猿鸣三声 / 泪沾裳！"

3. 再读课文，理解文意，理清脉络

环节一：学生圈点勾画，利用工具书和书下注释，自主理解文意。

环节二：四人小组交流学习，相互释疑解疑。老师板书重要实词、虚词意思并解答难理解的词或句子。

环节三：理清文章先写山、再写水的先后顺序及文中四个段落，分别展现了三峡的山，三峡的水，三峡的春夏秋冬各不相同的景色。

【设计意图：理解文意的基础是读准字音、读准停顿、读通读顺课文。理解文意、理清文本脉络既是文言文教学的重点，也是领略三峡风光之美的基础，但如果逐字逐句一一解释，会破坏文本语句的音韵之美，也会破坏三峡风光之美，且教学会比较枯燥单调，还不能培养学生自主思考的习惯和能力。因此借助工具书及文本注释自行思考，再小组合作及老师释疑，既能提高课堂效率，也充分的调动了学生学习的主动性，更让学生初步感受了三峡风光之美。】

三、品读《三峡》，欣赏美景

环节一：《三峡》先写山后写水。读写山的句段，作者写山，抓住了什么特征？作者又是用怎样的写法来描写山的。

明确：1.山：遮天蔽日，连绵不断

2.写法：（1）正面描写："两岸连山，略无阙处；重岩叠嶂，隐天蔽日"形象概括地描绘出三峡的地貌特征；

（2）侧面烘托："自非亭午夜分，不见曦月"一句烘托出三峡的山遮天蔽日，连绵不断的特点。

环节二：《三峡》写水。文中是依据什么顺序来描写三峡水的？每个季节的水有什么特征？作者又是用怎样的写法来描写四季水的特点的呢。

明确：1.顺序：写水先写夏水，后写春冬之水，最后描写三峡之秋的悲凉气氛。

2.水：（夏：大水猛涨，江流湍急；冬、春：素湍绿潭，清荣峻茂；秋：林寒涧肃，哀猿凄清。）

3.写法：如：夸张"虽乘奔御风不以疾也"一句，突出水势的迅疾。如：描绘角度变化多姿"素湍绿潭，回清倒影"这是俯视，"悬泉瀑布，飞漱其间"这是仰视。如：以动衬静"林寒涧肃，常有高猿长啸，属引凄异，空谷传响、哀转久绝"表现三峡秋天的寂静、凄清和悲寂。如：运用了引用的修辞手法"巴东三峡巫峡长，猿鸣三声泪沾裳。"表现三峡的秋的悲凉。

环节三：全面品读和感受了《三峡》之美，那你觉得三峡美在哪里呢？请用"三峡的美，美在你看（听），她那"的句式说一说。

【设计意图：充分感知三峡山水景色各异及鲜明特点，透过文字，思考作者描写山水各异特点的写法及妙处，才能真正理解文本语言的美，山水的美。此外，通过创设情境，结合文本内容及想象和联想，充分领略三峡山水风光的独特和神奇魅力，也为理解作者情感做好了充分的铺垫。这既是深入理解文本、走入文本、领会作者情感的过程，也是学生整合信息，运用知识的过程。】

四、品读意境，领悟情感

环节一：同学们，三峡很美，文章分四段为我们展现了三峡的山，三峡的水，三峡的春夏秋冬。你能各用一个词概括出每一段所体现出的美的意境吗？

明确：第一段大笔勾勒，总写雄峻壮美的山势，体现的是一种"雄壮"美。

第二段写夏，描写凶猛的水势，体现的是一种"奔放"美。

第三段写春与冬，描写秀美的山水，体现的是一种"清幽"美。

第四段写秋，描写凄清的秋意，体现的是一种"凄婉"美。

环节二：作者把三峡各个季节美的意境描绘到如此鲜活，这蕴含了作者怎样的思想感情？

明确：对祖国壮丽河山的欣赏、赞叹和热爱之情。

环节三：背诵全文，表达对祖国壮丽山河的赞美之情。

【设计意图：透过景物特点，品读文本意境之美，深切感受作者热爱祖国山河的强烈情感。既能提高学生的审美意识和能力，也能水到渠成产生对祖国壮丽山河的热爱之情。】

板书设计

三峡

山：遮天蔽日、连绵不绝——高峻美

水：夏季　水势浩大、水流湍急——奔放美

春冬　水清潭绿、清幽秀丽——清幽美

秋季　凄寒寂静、凄婉悲凉 ——凄婉美

君子和淑女的爱情故事

——《关雎》教学设计

宋　甜

教学目标

1. 在诵读中，把握诗的情感变化。

2. 掌握本诗的艺术特色：比兴手法、重章叠句。

3. 积累古诗中的文言词语及相关文学常识。

4. 解读君子、淑女人物形象，体会诗人对心中理想对象的强烈思念和执着追求，引导学生正确对待青春懵懂的情感。

教学重难点

掌握本诗的艺术特色，引导学生正确对待青春懵懂的情感。

教学过程

一、导入

教师播放方明老师（中央人民广播电视台播音指导）的朗诵，引导学生走入《关雎》的世界。

二、诗经与关雎

检查预习：请同学分享课前查阅的《诗经》相关资料。

明确：《诗经》是我国最早的一部诗歌总集，它收集了从西周初到春秋中期的305篇诗歌。在先秦古籍中，又称《诗三百》。《诗经》按用途和音乐分风、雅、颂三部分，其中"风"又叫"国风"，是各地的民歌。诗经的主要表现手法是赋、比、兴。《关雎》被冠于诗经之首，今天我们就一起来学习。

三、朗读之音韵婉转

大声朗读文章是语感形成的必走之路，大声读文章有利于"诗性美"的再现。带着感情去朗读，更能快速体会到作者的情感。

1.学生速读课文，思考为何不直接说"参差荇菜，左右流之、采之、芼之"，而是用"参差荇菜，左右流之。参差荇菜，左右采之。参差荇菜，左右芼之"。

明确：重章叠唱，上下句或上下章基本相同，只是更换其中的几个字，造成回环往复的表达效果。通过句子的反复营造出朗诵的美感，使得文意层层递进。

2.诗歌中同样手法的句子有"窈窕淑女"，"参差"和"窈窕"这两个词语的拼音分别有什么特点？

明确："参差"的声母相同，"窈窕"的韵母相同。声母相同——双声，韵母相同——叠韵。

3.找出诗歌中其他双声或叠韵的词语，读一读这些词语，和其他词语听起来有什么不一样？

明确：雎鸠（双声）、辗转（双声、叠韵）。听觉上的审美感受，让音韵和谐，声感更强，使事增加韵味，使物生动形象，使情浓度加深。

四、表达之流光溢彩

（一）概括情节

在课文中找出《关雎》描写的人物和故事情节，并用简洁的语言讲讲《关雎》的情节。

明确：赋，记叙。

（二）思考

学生思考：划线部分和故事情节并不相关，是否可以删除？

关关雎鸠，在河之洲。窈窕淑女，君子好逑。

参差荇菜，左右流之。窈窕淑女，寤寐求之。

求之不得，寤寐思服。悠哉悠哉，辗转反侧。

参差荇菜，左右采之。窈窕淑女，琴瑟友之。

参差荇菜，左右芼之。窈窕淑女，钟鼓乐之。

明确：兴，引出（先说别的事物，引出所吟咏的对象）；比，比喻。引导学生找出关雎鸟与君子淑女有意义、气氛上的关联，以采荇菜这一行为兴君子对淑女的相思与追求。

【设计意图：本节旨在讲解赋、比、兴的手法。简单的直接讲解略显乏味和枯燥，所以设计了这个环节。让学生概括情节，引出"赋"即记叙之意。"兴"比较难理解，但放在文章中，让学生体会去掉后和没去掉的区别，引出"兴"的兴起之意就比较容易被学生接受。】

五、人物之形象鲜明

（一）思考：这是一位怎样的女子，让君子如此念念不忘。单单是外貌吗？内在呢？第一次相见，女子在做什么？怎样采摘荇菜？

明确：

1.外形很美，一见钟情。

2.从"窈窕淑女，君子好逑"看出淑女的文静美好，贤淑善良。

3."参差荇菜，左右流之""参差荇菜，左右采之""参差荇菜，左右芼之"——流、采、芼（动词用得好）就是捞取、采摘、挑选，淑女采荇菜的过程。——勤劳、严谨有序、一丝不苟、动作熟练、心灵手巧。

果真是窈窕淑女啊！落实"窈窕"一词的解释。

窈：深邃。喻女子心灵美；窕：幽美。喻女子仪表美。

美貌曰窕（tiǎo），美心曰窈（yǎo）；美状曰窕，善心曰窈。

窕就是道德品行善良，并且形容举止优雅，是心灵美兼仪表美。

（二）思考：中国古代婚嫁讲究门当户对，那么君子又该具有怎样的思想和品德来与"淑女"相配呢？

1."寤寐求之""寤寐思服""辗转反侧"——寤：醒时　寐：睡时。日日夜夜都在想——对爱情很执着，重情重义。

2."琴瑟友之""钟鼓乐之"——专一、执着、通晓乐器、追求方式有雅趣。

3."求之不得""辗转反侧"，却没有过激行为，强迫淑女答应。——不仅执着，而且尊重对方。

引导追问：写"君子"的动词也有三个："求"（追求）、"友"（亲近）、"乐"（使快乐）。这其实也就是男子追求女子的过程。恪守礼节，发乎情，止乎礼。

【设计意图：通过一连串的问题，引发学生的思考，淑女和君子对于爱情有着怎样的态度，他们是怎么表现的，以此引出本节课的主旨"正确的爱情观"来让学生思考自己的爱情观。】

六、我的君子淑女观

请补充完成以下句子：

我认为我会成为一个 _____ 的君子（淑女），因为当我遇到我喜欢的人时，我会 _____。

七、作业

将《关雎》改写成一首现代诗或一篇抒情散文

板书设计

关雎

窈窕淑女——心灵手巧、勤劳能干、文静美丽

谦谦君子——专一执着、尊重对方、才华横溢

表达华彩——赋乃记叙、比乃比喻、兴乃兴起

音韵婉转——重章叠唱、双声叠韵、音韵传情

追寻

——《蒹葭》教学设计

宋 甜

教学目标

1.学习关于《诗经》的文学常识，当堂背诵课文。

2.在诵读、探究中体会《蒹葭》的朦胧之美，鼓励自主表达，了解《蒹葭》在结构上、语言上的特点。

3.激励学生执着追求梦想。

教学重难点

学生读懂、读透诗歌。

教学过程

一、导入

播放邓丽君的《在水一方》，用音乐的优美旋律，引导学生走入诗歌的朦胧世界。

二、查·关于诗经

PPT 展示《诗经》填空题。

《诗经》是我国最早的诗歌总集，被（   ）奉为经典，原本只称《   》，或取其整数称《   》，后世才称为《诗经》。现存（   ）篇，分为（   ）、（   ）、（   ）三大类。其中"风"共（   ）篇；"雅"共（   ）篇，又分（   ）、（   ）；"颂"共（   ）篇。《诗经》句式以（   ）为主，根据不同内容的需要，分别采用（   ）、（   ）、（   ）的表现手法。（   ）、（   ）、（   ）三种诗歌形式，加上（   ）、（   ）、（   ）三种表现手法，合起来被称为《诗经》的"六义"。

【设计意图：按照布鲁姆的教育目标分类法来划分，此部分应属于低阶部分，即对知识的回忆、记忆和认知。从低阶部分导入课堂，有助于学生快速融入。】

三、读·音之韵味

（一）PPT 展示诗歌结构以及正音

蒹葭（jiān jiā）/ 苍苍，白露 / 为霜。所谓 / 伊人，在水 / 一方。

溯洄（sù huí）/ 从之，道阻 / 且长。溯游 / 从之，宛在 / 水中央。

蒹葭 / 萋萋，白露 / 未晞（xī）。所谓 / 伊人，在水 / 之湄（méi）。

溯洄 / 从之，道阻 / 且跻（jī）。溯游 / 从之，宛在 / 水中坻（chí）。

蒹葭 / 采采，白露 / 未已。所谓 / 伊人，在水 / 之涘（sì）。

溯洄 / 从之，道阻 / 且右。溯游 / 从之，宛在 / 水中沚（zhǐ）。

1.学生齐读

要求：读诗不仅要读准字音、节奏，试试看能否读出韵味。

2.教师指导

复习补充有关音韵（双声、叠韵）知识点。

【设计意图：此环节属于读文层面，学生在理解双声叠韵等音韵知识的基础上，朗读诗歌，有助于把握诗歌的节奏，明了诗歌回环往复的特点，体会文中情感。】

四、感·境之朦胧

（一）重组诗歌

将诗歌每一个小节进行拆分然后重组，重新排列为四个部分，分别为环境画面、伊人位置、追寻过程、追寻结果，并将每一部分写到一起。

（二）描述画面

用优美的语言来描绘一下第一部分：环境，注意不是翻译，请同学分享一下你读出了怎样的画面。强调：写得好更需读得好，读时要注意情绪、语气、语调，要做到声音洪亮。明确：白露秋霜的时节，蒙蒙的雾，清浅的水，细细的沙，大片的芦苇苍苍茫茫，茂密连绵，清晨的露水变成了霜。从这个画面，大家读出了朦胧、幽静，读出了凄清凄凉。

【设计意图：是对诗歌的解构重组，要求将诗歌每一个小节进行拆分然后重组，重新排列为四个部分，分别为环境画面、伊人位置、追寻过程、追寻结果，并将每一部分写到一起。从这一部分开始，学生需要对已有知识进行分析、综合，这是课堂从低阶思维到高阶思维的转变。】

五、品·人之形象

（一）品读追求者的形象

1.哪些诗句是写"追求者"的追寻历程的？

2.从这些语句中可以看出：追求之路怎样？

3."追求者"在追寻的过程中心情又会是怎样的？

4.你觉得"追求者"是怎样一个人？

（二）小结

同学们感触很深，可见你们真的走进文本把自己当作成了追求者，在追求内心的伊人。在如此漫长的路上，你们着急、迫切、期待、紧张但又同时饱含着期望。到这里追求者的形象已经跃然纸上了，他是一个坚持不懈、执着、不畏艰难险阻的人。

六、寻·伊之魅力

（一）思考

伊人到底有什么魅力，值得追求者去千方百计苦苦追寻？我伊人除了是意中人，还有可能是什么？思考一分钟，小组讨论三分钟后请同学来回答。

（二）小结

从过程上来看，蒹葭的三段都描写的是追求者追寻伊人的过程，过程是艰难的、漫长的，就像我们追寻梦想，也是艰难、漫长的。每个人的心中都有一个伊人，你们到底有没有追到自己的伊人呢？

七、终章

诗歌只写到有朦胧之美的伊人"宛在水中沚"便戛然而止，那么追求者最终的结局将会怎样呢？请你放飞自己的想象写一写、谈一谈。

总结：本节课我们和追求者一起追寻着内心的伊人，追求的过程一定是艰辛的，但这并不能阻挡我们的脚步。因为，追求美好，我们，永远在路上……

忧患观

——《生于忧患，死于安乐》教学设计

宋 甜

教学目标

1. 反复诵读，理解文意，能借助工具书和课下注释自行翻译课文。

2. 理解掌握重点实词，了解课文层层推理得出结论和从历史事例归纳出结论的写法。

3. 认识孟子"生于忧患，死于安乐"的观点，懂得人处于困境能奋发有为，国无忧患往往走向灭亡的道理。

教学重难点

掌握本文的论证方法，引导学生结合实际领会文章蕴涵的哲理。

教学过程

一、导入

教师谈话导入：说说你了解的孟子。

二、知人论世

PPT 展示背景资料以及孟子的介绍。

孟子（公元前 372 ～ 公元前 289），邹人，是孔子之孙孔仅的再传弟子。游说于齐梁之间，没有被重用，退而与其门徒公孙丑、万章等著书立说。继承孔子的学说，兼言仁和义，提出"仁政"的口号，主张恢复"井田制"和世卿制度，同时又主张"民为贵，君为轻"，称暴君为"一夫"，认为人性本善，强调养心、存心等内心修养的工夫，《孟子》文章向来以雄辩著称。读孟子文，令人感到气势磅礴，感情激越，锐不可当。此文选自《孟子·告子

下》。春秋战国时期，战乱纷争，一个国家要想立于不败之地，要奋发图强，不能安于现状、不思进取。这篇文章就是在这种背景下写的。

三、朗读之初次品味

（一）PPT 展示文章结构以及正音

舜 / 发于 / 畎亩之中，傅说 / 举于 / 版筑之间，胶鬲 / 举于 / 鱼盐之中，管夷吾 / 举于 / 士，孙叔敖 / 举于 / 海，百里奚 / 举于 / 市。故 / 天将降大任 / 于是人也，必先 / 苦其心志，劳其 / 筋骨，饿其 / 体肤，空乏 / 其身，行拂乱其 / 所为，所以 / 动心忍性，曾益 / 其所不能。

人 / 恒过 / 然 / 后能改，困于心 / 衡于虑 / 而后作；征于色 / 发于声 / 而后喻。入 / 则无 / 法家拂士，出 / 则无敌 / 国外患者，国 / 恒亡。然后知 / 生于忧患 / 而死于安乐也。

1.学生齐读

要求：读文章不仅要读准字音、节奏，试试看能否读出孟子那种激越的感情。

2.教师指导

朗读排比句时要读出韵味和气势。

四、翻译之整体感知

（一）独自翻译

结合 PPT 所出示的注释和课下注释，以及手边的工具书，把文章内容进行翻译。

（二）同桌互译

（三）交流展示

请同学进进行翻译，教师指出问题并帮忙解决。

五、梳理之结构划分

（一）思维导图理思路

小组活动：理清文章的论证思路，并画出思维导图。要求先讨论思路再落笔。

（二）推选优秀展思路

小组活动后，推选优秀的的代表上台展示。全班一起讨论本文的论证思路。

明确：

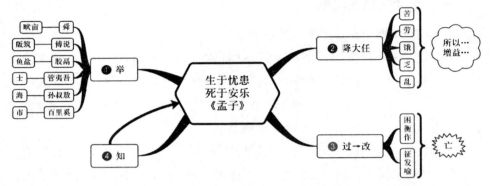

【设计意图：思维导图的绘制，有助于让学生理解本文的论证思路。思维导图属于分析综合层面，学生将对文本的理解转化为思维导图，是内在思维的可视化，也是高阶思维的成果。】

六、探究之素养提升

（一）拓展

文章提出担当大任的人必须经过艰苦生活的磨练。请补充一些例子以及相关的名言。

（二）思考讨论

有人说中国处于和谐社会里，"生于忧患，死于安乐"已失去意义，你同意这种说法吗？请谈谈你的"忧患观"。

总结：现实社会竞争的残酷性注定我们要学会居安思危，要有忧患意识。于安乐中通过努力获得成功是幸运，这固然令人羡慕，但如果能将劣势化为优势，以忧患为起点走向成功，那将是一种阅历，一份财富，更令人佩服！祝愿每位同学都能经得起生活中的种种考验，在以后的道路上，乘风破浪，勇往直前！

板书设计

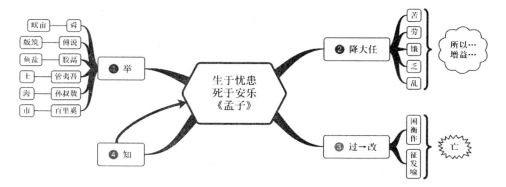

"奇巧""灵怪"为哪般?

——《核舟记》教学设计

李芙华

【教学目标】

1. 掌握文中的重要实词的意思,如:"罔、因、徐、象"等。

2. 感受王叔远雕刻技艺之精湛,品味魏学洢说明语言清晰、简练、优美。

3. 领略小小一方核舟中所蕴含的人文情怀。

【教学重难点】

1. 品味《核舟记》语言的简练,优美。

2. 领略核舟中所蕴含的人文情怀。

【教学过程】

◉ 第一课时 ◉

一、叙事导入

1. 一枚小小的桃核能做什么呢?似乎什么也不可以,但在明代,有位奇人王叔远,却将它制成了一枚工艺品。后明代才子魏学洢为这枚核舟专门写了一篇"记",使我们的文学史上又多了一个传奇,今天我们就要走进这篇《核舟记》。

2. 明确"记"文体《桃花源记》《小石潭记》"记"这种文体,可记事可写景,可状物。

二、走进文本,疏通文意

1. 检查预习,反馈问题。同学们都预习了文章,在预习过程中遇到了哪些问题?

预设:

A.罔不因势象形,各具形态

B.佛印绝类弥勒,袒胸露乳,矫首昂视,神情与苏、黄不属。

C.卧右膝,诎右臂支船,而竖其左膝,左臂挂念珠倚之——珠可历历数也。

……

【设计意图:《核舟记》文章较长,若逐字逐句翻译,不仅会耗费较长的时间,效果也不尽人意。在疏通文意阶段,采取课前预习,做预习单的方式,教师批改明了学情后,再根据学情,课堂集中火力攻破难点,为接下来的课堂节约时间。】

三、细读文本,说"奇巧"

1.文章读懂了吧?现在老师考考大家,这枚桃核上,究竟刻了些什么?请大家细读课文,完成下列表格。

类别	具体内容	书中原句
器具		
船		
文字		
人物		

2.品评表格,谈谈感受。

3.再看核舟,以生活中具体物品和核舟对比。请同学谈感受。

师总结:在一方小小的物品上,能雕刻这么多的物品。王叔远的技艺确实了得,但是他了不起的地方不仅仅在此。下节课,我们接着读文章,感受王叔远技艺之精湛。

【设计意图:在理解文意的基础上,请同学们将核舟上的物品以表格的形式罗列出来。使核舟之物一目了然。此外将核舟的大小和学生日常生活对比,无需多的语言,通过物品多,核舟小即可明白王叔远技艺了得,为接下来的工艺精做好铺垫。】

◎ 第二课时 ◎

一、回顾旧知，获取新知

1.通过上一课时的学习，我们知道了王叔远的雕刻技术十分精湛，从哪里体现出来的？

2.除了类别之多，还有哪些地方也可感受到他雕刻技术十分了得呢？请大家再次朗读课文，找出依据。

二、品语言文字之美

1.读完课文，哪位同学可以回答老师的问题呢？

预设：

雕刻的工艺很高超，你看核舟还可以"启窗而观"。

工艺细致：佛印的佛珠是"珠可历历数也"。

雕刻的任务神态之逼真，核舟上的每一个人都不一样，而且很有特色。

2.用原文来说就是"因势象形，各具情态"。到底是怎样的情，怎样的态，让我们把目光聚焦在这枚核舟的人物上。请大家细读三、四段，完成下列表格。

人物	面容、神情描绘	动作描绘	想象性语言	我读出了？（可关于人物品格、状态。）
苏轼			无	
鲁直		左手执卷末 右手指卷 微侧		
佛印				
舟子（右）	椎髻仰面		若啸呼状	
舟子（左）		右手执蒲葵扇 左手抚炉		

3.真的是"各具情态"让我们带着对文本的理解再次朗读三四段（齐读课文第三、四段）

【设计意图：第三、四段对核舟上人物做了细致的描绘，通过魏学洢细致入微的描绘，同学们可发现舟中之人真是栩栩如生、各具情态。学生通过表格提取出人物神情、动作，再通过人物所表现出来的状态揣摩舟中人物内心，之后反推出王叔远的技艺高超，使得课堂更具说服力。】

三、感人物境界之高

1. 从魏学洢这段简练而传神的文字中，我们再次感受到王叔远的雕刻技术真是？

预设：高超、精湛、传神。

2. 可课文用的是："奇巧人""灵怪"，为什么不用高超、精湛？我们需要借助一些资料。让我们来看看，什么是奇？什么是灵？什么是怪？（出示《说文解字》对这四字的释义）

灵：造字本义：动词，大旱之时，巫师念念有词地祭祀祝祷求雨。"灵"是沟通天地万物的通神力量，比"神"更脆弱，要以静心与觉悟特别养护。

奇：异也。从大，从可。

怪：金文（忄，惊异）+（圣，同"聖"，表示超凡脱俗），表示惊异于圣者的超凡脱俗。

巧：（工，灵便多用的匠具）（丂，报警、传令的吹管或号角），表示富于智慧的匠具和号角。造字本义：高度智慧所创造的劳动。

——许慎《说文解字》

总结：也就是说"奇巧""灵怪"不仅仅强调了外在的逼真，更注重内在的神韵，关注艺术作品所创设的一种境界。

【设计意图：通过用词的反差，引出问题。在问题的指引下，阅读资料，揣摩文字细微的差别。学生讨论，推断，思考，不断探索词语里的深意，引导学生对文章的理解从文字层面走向文化层面。】

3. 为了更加深入地理解这种内涵和境界，我们还需要了解舟中之人的身份，了解核舟上所刻字的内容。现在请大家阅读资料，并小组合作解决三个问题：

资料内容：

壬戌之秋，七月既望，苏子与客泛舟游于赤壁之下。清风徐来，水波不兴。举酒属客，诵明月之诗，歌窈窕之章。少焉，月出于东山之上，徘徊于斗牛之间。白露横江，水光接天。纵一苇之所如，凌万顷之茫然。浩浩乎如冯虚御风，而不知其所止；飘飘乎如遗世独立，羽化而登仙。

——苏轼《前赤壁赋》

于是携酒与鱼，复游于赤壁之下。江流有声，断岸千尺；山高月小，水落石出。曾日月之几何，而江山不可复识矣。予乃摄衣而上，履谗岩，披蒙茸，踞虎豹，登虬龙，攀栖鹘之危巢，俯冯夷之幽宫。盖二客不能从焉。划然长啸，草木震动，山鸣谷应，风起水涌。

——苏轼《后赤壁赋》

【苏轼】北宋著名文学家、书画家。北宋中期文坛领袖，在诗、词、散文、书、画等方面取得很高成就。他不仅在文学上成就极高，在政治上也极有见地，可惜仕途不顺，曾多次被贬。黄州、惠州及海南的儋州都是他被贬时曾到过的地方。被贬黄州时，苏轼写出了人生中许多脍炙人口的篇章，如《卜算子·黄州定慧院寓居作》《念奴娇·赤壁怀古》《记承天寺夜游》等。其中《前赤壁赋》《后赤壁赋》即苏轼在被贬期间和友人（此时同游的友人并非黄庭坚和佛印）同游赤壁时所作。

【鲁直】即黄庭坚，北宋著名文学家、书法家、江西诗派开山之祖，苏（苏轼）门四学子之一。和苏轼亦师亦友，在苏轼被贬落难，身边的一些好友纷纷远离苏轼之时，他坚定的支持的苏轼，时常写信宽慰苏轼。其文学成就也极高，在文学界，黄庭坚与苏轼齐名，时称"苏黄"。

【佛印】宋代僧人。宋神宗钦仰其道风，赠号"佛印禅师"。佛印禅师与苏东坡在苏轼被贬瓜州时相识，后结为好友。佛印超凡脱俗，性格洒脱，卓尔不群，不拘泥世俗小事，常常和学者官吏来往，谈古论今。

问题一：为什么选择"清风徐来，水波不兴""山高月小，水落石出"刻于核舟两侧？

问题二：王叔远为何设计鲁直、佛印和苏东坡同游赤壁（苏轼游赤壁之时还未见过佛印）？

问题三：想想这几个人在舟上会有怎样的活动？

4. 读了上述资料，通过讨论，大家对这三个问题是否有自己的看法？

预设：

问题一："清风徐来，水波不兴""山高月小，水落石出"写的是清风缓

· 196 ·

缓吹着，水面上鳞光闪闪，远处的山边一轮弯弯的月亮正徐徐升起。这是对环境的描写，由句子可看出同游的环境非常恬静、优美。师板书：环境：恬静、优美。

问题二：黄庭坚是苏轼的学生，是苏门四学子之一，不仅很有学问，而且和苏轼志同道合。佛印是出家人，自然洒脱、不拘小节。他们和苏轼是知己。师板书：同游者：鸿儒、知己。

问题三：谈诗论道、品茶赏月。师板书：活动、品茶、赏月。

5.大家看一看黑板上的字，你们觉得王叔远在这枚核舟上塑造了怎样的理想境界？

总结：可以想象，如此美好的一个夜晚，与人生知己泛舟畅游，完全忘记现实的纷扰，陶醉于清风明月的美好意境里，多么美好，多美令人神往。

6.通过上述的学习，同学们是否对奇巧和灵怪有了更加深入的理解了呢？

总结：奇巧、灵怪之中含着一种生活的情态，一种人文的状态。

明确：一枚小小的核舟，不仅是技术的展现，而是一种理想的生活情态、一种高雅的趣味、一个时代的文人的生活面貌。所以魏学洢忍不住衷心的赞叹道：

生齐读：嘻，技亦灵怪矣哉……

【设计意图：此部分是文中的重点、也是难点，是文本知识的延伸，是对核舟所蕴含的内在精神世界的探讨，是从文学到文化的探索。此环节教师要给学生充分的资料、充足的时间，让学生读资料、并通过板书关键字引导学生阅读思索，一步步走向文中人物的精神世界，走向魏学洢、王叔远的精神世界。在多文本的巧妙运用下，学生们阅读、综合、评价、讨论资料，使课堂更加具有思辨性。】

板书设计

核舟记
魏学洢

环境：优美　静谧　雅致

同游者：知己　鸿儒理想人生

活动：饮茶　赏月　谈诗

吾谁与归？《岳阳楼记》的三重境界

——《岳阳楼记》教学设计

李芙华

教学目标

1.掌握文中关键实词、句子的意思。

2.赏析文章描绘的自然景色、人文意蕴之美。

3.感悟作者的政治抱负和人生理想，培养以大局为重，心系家国的价值观。

教学重难点

1.赏析文章描绘的自然景色、人文意蕴之美。

2.感悟作者的政治抱负和人生理想，培养以大局为重，心系家国的价值观。

教学过程

一、听乐辨异识别唱词和原文差异

1.播放央视经典咏流传四位主持人演唱《岳阳楼记》视频。

2.谈观后感受。这段音乐辞美，旋律美，唱的荡气回肠。那么唱词和原文有何不同呢？

3.观察文章和唱词不同，整理文章架构。

【设计意图：用央视视频引入，即能结合时下热点，又能激发学生的兴趣，使课堂灵动。带着问题听音乐，更有针对性。】

二、第一重境界：读文观景，感受文辞之美

1.在比较的时候，大家可发现这篇文章共分为三部分。第一段是写《岳阳楼记》的原因，第二段写了岳阳楼的地理位置，景观。第三四段写了洞庭湖的阴晴景象及不同的景象在游人心中不同的反响。第五段阐述了作者的人生理想，政治抱负，点明了文章的主旨。

2. 赏析文章三四段。文中的三四段文字写了洞庭湖阴晴景象及这些景象在游人心中留下的印象。我们现在就一起走进洞庭湖之景。请大家自读课文，读完后和同桌一起结合注释互译课文，不懂的地方标注出来。我们一起来解决。

预设问题：

词语：薄暮冥冥　　薄：迫近　　去国还乡　　国：国都

满目萧然，感极悲者矣。极：极点

3. 文意明了了，我们再来观察下文章的形式有什么特点？

4. 文中的句子大多是四字构成，使文章整齐流畅，节奏感极强，我们朗读的时候就要注意节奏。大家可以先听听录音朗读，听的时候标注下节奏和重音，标注好了，自己先读给同桌听听，然后我们再来齐读。读准字音，读美节奏。（播放录音）

5. 请生齐读第三四段，教师指导阅读，读出美感。

6. 文章已经读的很美了，我们再来看看，文中的景和情有什么关系？请大家细读课文，完成下方表格：

天气	描写景物	景物特点	人物情感
淫雨霏霏			
春和景明			

师总结：很明显，文中的景和情息息相关，淫雨霏霏的日子人物便"感极而悲"，春和景明之时，人物情感是"喜洋洋则矣"。这正是我们第二段所提到的何种人的观景之情？请大家自读课文第二段。

这就是文中所提到的"迁客骚人"之情。这是范仲淹所推崇的吗？从哪里看出的？

【设计意图：文章三四段写的是洞庭湖阴晴之时不同的景观，文辞美、描述的景色更是动人。这里教师通过带领学生观察景和情之间的联系、体会写景情景交融的特点。此外，通过观察文章的句子特点，反复朗读，在读中体会辞美和景美。但是，此处的景观对应的是第二自然段中提到的"迁客骚人"之景，并不是后文范仲淹所推崇的"古仁人"不以己悲不以物喜的情感，在这里提前处理这两段，为后文的主题留出空间。】

三、第二重境界：理解"古仁人"之情品作者家国情怀

1. 在第五段，范仲淹写出了和"迁客骚人"完全不同的人，他们就是"古仁人"

2. "古仁人"和"迁客骚人"的区别在哪里呢？

预设"迁客骚人"将自己的情感寄托在自然景观之中，常常受外界因素干扰。而"古仁人"心系家国，无论身在何处，处境如何都是以国家和人民利益为重。

那范仲淹更推崇哪一种？毫无疑问，"古仁人"才是范仲淹的终极理想。这种价值观和他的经历息息相关。

【设计意图：通过对比引出"迁客骚人"和"古仁人"的不同，提供资料，为学生的自主思考奠定基石。】

四、第三重境界：读史明意，树立远大志向

1. 课堂开始的时候，我们说文中的第一段写了《岳阳楼记》的成文背景。请大家结合注释自己读一读课文第一段，看看范仲淹为什么要写《岳阳楼记》。（引出"谪"）

2. 请大家读一读手中的资料，结合课文，回答下面几个问题。

资料内容：

范仲淹的资料：

范仲淹从小丧父，家境贫寒。他发奋读书，早起煮一小盆粥，粥凉后划为四块，这就是他一天的饭食。以后他科举得官，授龙图阁大学士，为政清廉，且力图革新。后来，西夏频频入侵，朝中无军事人才，他以文官身份统兵戍边，大敌寇。西夏人惊呼"他胸中自有雄兵百万"，边民尊称为"龙图老子"。连皇帝都按着地图说："有仲淹在，朕就不愁了。"后又调回朝中主持庆历新政的改革，大刀阔斧地除旧图新，又频繁调各地任职，亲自推行地方政治的革新。无论在边防，在朝中，在地方，他总是"进亦忧，退亦忧"。

其忧国忧民之心如炽如焰。范仲淹是一个诸葛亮、周恩来式的政治家，一生主要是实践，他按自己认定的处世治国之道，鞠躬尽瘁地去做，将全部才华都投身到处理具体政务、军务中去，并不着意为文。不是没有文才，是没有时间。皇祐三年（一〇五一）范仲淹到青州任知府，这是他的官宦生涯也是人生旅途的最后一站。第二年即病逝了。

——《一个永恒的范仲淹》节选梁衡

范仲淹生活在北宋王朝正值内忧外患的年代，对内阶级矛盾日益突出，对外契丹和西夏虎视眈眈。为了巩固政权，改善这一处境，以范仲淹为首的政治集团开始进行改革，后人称之为"庆历新政"。但改革触犯了封建大地主阶级保守派的利益，遭到了他们的强烈反对。而皇帝改革的决心也不坚定，在保守官僚集团的压迫下，改革以失败告终。"庆历新政"失败后范仲淹被贬河南邓州，《岳阳楼记》便写于这时（庆历六年，公元1046年）。

——网络资料

滕子京的资料：

滕子京，又名滕宗谅。庆历三年（1043年）九月，滕宗谅调京不久，便遭到弹劾，指控他在泾州费公使钱十六万贯，时任参知政事的范仲淹及监官欧阳修等都为滕宗谅辩白，极力救之，使得滕宗谅仅官降一级，仍充任天章阁待制，贬为凤翔府（今陕西省宝鸡市境）知府，后又贬为虢州（今河南省灵宝市境）知州。

庆历四年（1044年）春，滕子京再度被贬，被贬知岳州（今湖南省岳阳市一带），到巴陵后，他不计个人荣辱得失，以国事为重，勤政为民，修筑防洪长堤、重修岳阳楼等，受到百姓称赞。

——网络资料

"窃以为天下郡国，非有山水环异者不为胜，山水非有楼观登览者不为显，楼观非有文字称记者不为久，文字非出于雄才巨卿者不成著……知我朝高位辅臣，有能淡味而远托思于湖山楼千里外，不其胜欤？当年范公在边塞所吟咏《渔家傲·秋思》、《苏幕遮·碧云天》，僚属至今记忆犹存。谨以《洞庭秋晚图》一本，随书赍献，涉毫之际，或有所助，干昌清严，伏惟惶灼。

——《与范经略求记书》节选滕子京

问题一：滕子京在什么情境下请范仲淹写这篇文章？

问题二：范仲淹写这封信的目的可能有哪些？

【设计意图：让学生在阅读中提取信息，并结合已有的知识推测、评价，推动学生高阶思维的发展。】

3. 是的，范仲淹可能是想劝诫滕子京，不要为自己的处境而悲戚，个人的荣辱不足为道，心怀天下才是我们这些人应该有的情怀。

4. 范仲淹在这里表达了怎样的价值观？ 真正的仁人志士是不会为外界事物牵动自己的情感，而是无论什么时候都是心系家国，以人民和国家为重。他的选择，可以用文中哪句话来概括？ 先天下之忧而忧，后天下之乐而乐。

5. 第五段可以说是文章的精华所在，作者的心系天下的情怀在这里展漏无疑。请大家带着自己的理解朗读这段文字。

6. 探讨读这段文字的基调。并指名读，点评。

7. 这段文字不仅仅是作者写给自己共患难的兄弟滕子京的，更是自己的灵魂告白，让我们一起走进这段文字。齐读第五段。

8. 我们再来想为何央视在演唱《岳阳楼记》的时候省去了第三、四段呢？并不是因为文辞不美、景物不美，而是因为范仲淹志向并不在此，他写《岳阳楼记》是想告诉滕子京，我们这些人都是一样的，居庙堂之高则忧其民，处江湖之远则忧其君，进亦忧退亦忧。用文中的那句话来说就是：先天下之忧而忧，后天下之乐而乐。让我们再次体会这种情感。齐读。

9. 噫，微斯人，吾谁与归？ 同学们，微斯人，吾谁与归？ 同学们，这个谁可以是谁？

预设：可以是滕子京，可以是任何一个仁人志士。

10. 同学们，这个"谁"也可以是你们，今天，你们读着经典文章，感受着这样一颗赤子之心，明天你们也可以创造经典，用一颗赤子之心感染他人，回馈社会。

【设计意图：通过抓住"先天下之忧而忧，后天下之乐而乐"这句，引导学生结合史料反复品味这句话。在反复朗读中升华情感。"微斯人、吾谁与归"，对"谁"进行大胆猜测，发散思维，引导、鼓励学生以一颗赤子之心回馈社会，达成课堂教学目标。】

板书设计

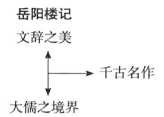

岳阳楼记

文辞之美

千古名作

大儒之境界

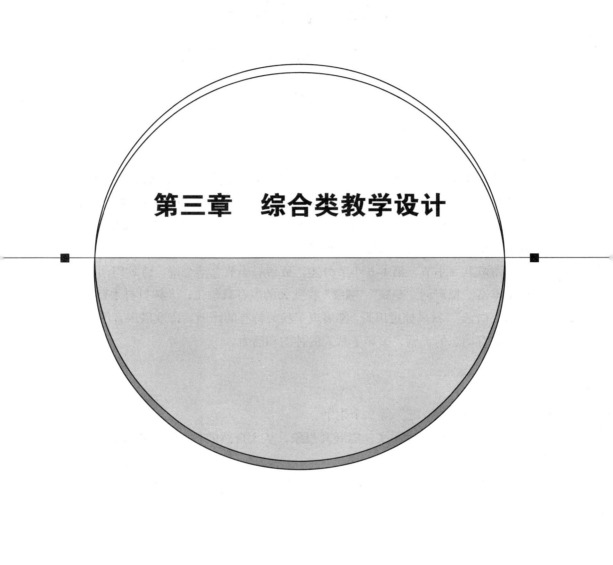

第三章　综合类教学设计

在秋天中寻找诗歌

——《听听，秋的声音》教学设计

詹扬樱

教材简析

这是部编版三年级上册语文教材的第二篇略读课文。诗歌描写了秋天大自然里一些特有的声音——大树的唰唰声、蟋蟀的嚁嚁声、大雁的叮咛和秋风的歌吟，说明秋的声音藏在大自然的许多事物中，需要我们细细聆听。诗歌语言精练，表达富有韵味，展现了秋天的生机和活力。

诗歌共6小节，第1–5小节分述，最后一小节总结全诗。诗歌用词优美，想象丰富。拟声词"唰唰""嚁嚁"将秋天的声音具象化；"大树抖抖手臂""大雁追上白云""秋风掠过田野"都展现了秋天特有的画面。诗歌借声音绘秋景，画面具有动态的美感，突显了秋天的神韵和活力。

教学目标

1.认识"抖、蟋"等9个生字。

2.有感情地朗读课文，能展开想象，从大自然的各种声音中体会秋天的活力。

3.能自主运用学过的方法理解"歌韵""叮咛"等词语的意思。

课时安排

1课时

教学重点

有感情地朗读课文，展开想象，从大自然的各种声音中体会秋天的活力。

教学难点

能自主运用学过的方法理解"歌韵""叮咛"等词语的意思。

教学准备

多媒体课件；提前找学生录音。

教学过程

一、导入新课

同学们，听听这是什么声音？（播放树叶沙沙声、蟋蟀的叫声、鸟鸣声）听出来了吗？这有沙沙的树叶声，有清脆的虫鸣声，有悦耳的鸟叫声，这都是秋的声音。这节课让我们一起听听，秋的声音。（出示课题）

【设计意图：从感性入手，从声音入境，把学生带入秋天丰富的想象中去。】

二、学法回顾

这是一篇略读课文，单元导语和课前学习提示都是我们学习好帮手。本单元的学习任务是运用多种方法理解难懂的词语。课前学习要求我们有感情地朗读课文，边读边想象画面，并交流你听到秋天的哪些声音？

这节课就让我们一起读秋诗、赏秋乐吧！

【设计意图：先从有感情地朗读课文入手，让学生得到在有感情的朗读中沉醉。】

三、读秋诗，识生字

（一）初读课文，读通读顺
试着自己读读这篇课文，不认识的字可以借助文中的拼音拼读一下。
（二）识记生字，我有方法
这首诗藏了不少生字朋友，你都认识吗？自由读读吧！（出示幻灯片）
喇喇　曜曜　歌韵　叮咛　歌吟
抖抖　蟋蟀　振动　掠过　辽阔
跟老师读一遍。

借助形声字规律，识记"蟋蟀"。

瞧，（出示图片）这就是蟋蟀，它们是形声字，它们的左边是虫字，虫字旁的字一般都和昆虫有关，像蝴蝶、蜻蜓、蚂蚁都是昆虫。

借助图片理解"辽阔"。

你们看，（出示图片）这是辽阔的大海，你能换个近义词吗？这是宽阔的大海。

识记拟声词。

像"唰唰"、"㘗㘗"这些表示声音的词语，都叫拟声词。还有哪些词是表示声音呢？看你能说出几种？

鸟儿叫——叽叽喳喳　雷声响——轰隆隆　风儿吹——呼呼

孩子们，我们可以模拟声音，理解拟声词。

【设计意图：每一篇课文都应该注重学生词汇的积累，尤其三年级的学生，拟声词的积累，动物的叫声是学生学习的兴趣点。】

四、赏秋乐，想象美

（一）读课文，找声音

同学们，相信你已经认识这些词语朋友，现在我们一起来赏秋乐。默读课文，圈画出秋天的声音。想想是谁奏出了这美妙的音乐声？

同学们，你们一定都找到了吧？真棒！片片黄叶弹奏出唰唰的乐曲，昆虫界的歌唱家蟋蟀"㘗㘗"地吟唱着，大雁也带来温暖的叮咛，秋风唱着丰收的歌吟。

唰唰——黄叶　㘗㘗——蟋蟀　叮咛——蟋蟀　歌吟——秋风

（二）学方法，赏秋乐

1.读文想画面。听到这些秋的声音，你的眼前仿佛出现了怎样的画面？边读边想象画面，选择一个最感兴趣的画面进行分享。

2.学生交流。小朋友想跟我们分享的她的感受，我们来听听吧！

出示：听听，

秋的声音，

大树抖抖手臂，

"唰唰"，

是黄叶道别的声音。

分享：我最喜欢黄叶向大树道别的声音。看，大树抖抖手臂，"唰唰"，片片黄叶就像一只只蝴蝶在风中缓缓飘落，离开大树妈妈的怀抱。黄叶好像在说："大树妈妈，我真舍不得您，谢谢您的孕育，我会慢慢地融入大地，化作春泥，为您补充养料，让您更茂盛。"

同学们的发言，让老师仿佛看到了黄叶的依依不舍，看到了黄叶对大树深厚的情谊。带着这种感受读读第一节吧。

3. 小结学法。同学们，像这样，边读边想象画面，补充话语，我们就能感受秋天的声音，欣赏秋天的音乐。

（在文段旁出示：读一读、想一想、说一说）

（三）用方法，品秋声

1. 自学2-3节。纸上得来终觉浅，绝知此事要躬行。用上方法2-3小节，读一读，在脑海中想象画面，说一说它们会说些什么呢？我们来听听张一诺的分享。

2. 学生分享交流第2节

出示：听听，

秋的声音，

蟋蟀振动翅膀，

"㘗㘗"，

是和阳台告别的歌韵。

分享：我最喜欢蟋蟀告别阳台的声音。看，蟋蟀在阳台上上下翻飞，有节奏地扇动翅膀，"㘗㘗"，就像一首轻快的乐曲。蟋蟀好像在说："阳台兄弟，让我为你奏响最后一曲，我即将出门旅游，我们来年再见吧。"

理解"歌韵"。多么有爱的蟋蟀啊！它只告别一声吗？不是的，它是"㘗㘗，㘗㘗，㘗㘗……"蟋蟀告别的声音真好听，所以作者把它称之为"歌韵"。

指导朗读。像这样读一读、想一想、说一说，我们不仅理解了"歌韵"

这个词语的意思，还感受了蟋蟀美妙的歌喉。让我们带着想象和理解读一读吧，对了，读的时候"嘤嘤"读得轻快一点。

3.学生分享交流第3节

除了这个画面，还有同学喜欢这一节。读一读吧！

出示：一排排大雁追上白云，

撒下一阵阵暖暖的叮咛；

一阵阵秋风掠过田野，

送来一片丰收的歌吟。

（出示：叮咛）

理解叮咛。什么是叮咛？叮咛就是你上学路上，妈妈嘱咐你在学校要好好听课；叮咛就是天气变冷时，奶奶和你说多穿衣服；叮咛就是你在写字时，老师提醒你注意坐姿。

想象补白。那大雁都向谁叮咛些什么呢？

ppt出示：一排排大雁追上白云，

撒下一阵阵暖暖的叮咛。

他对白云说：＿＿＿＿＿＿＿＿

一排排大雁看向 ＿＿＿＿＿＿＿，

撒下一阵阵暖暖的叮咛。

他对 ＿＿＿＿＿＿ 说：＿＿＿＿＿＿＿

一排排大雁飞向 ＿＿＿＿＿＿＿，

撒下一阵阵暖暖的叮咛。

他对 ＿＿＿＿＿＿＿＿ 说：＿＿＿＿＿＿＿

是啊，大雁的叮咛真温暖，他们叮咛白云照顾好自己，叮咛农民伯伯及时丰收，叮咛太阳公公多点微笑。

想象画面朗读。同学们，请你边读边想象画面，读出叮咛的温暖和丰收的喜悦。

【设计意图：本单元运用多种方法理解词语，在学习中运用这些方法，形成学习方法的迁移。】

五、拓展延伸，仿写诗歌

（一）引读第 4 节

走进秋，就像走进辽阔透明的音乐厅。秋的声音还藏在——

出示第 5 小节：

秋的声音，

在每一片叶子里，

在每一朵小花上，

在每一滴汗水里，

在每一颗饱满的谷粒里。

（二）仿写诗歌

秋天的声音还会藏在哪里？它们在说些什么？（出示图片，进行诗歌仿写）

听听，

秋的声音，

石榴绽开了笑脸，

"啪啪"，

召唤我们快快来品尝！

听听，

秋的声音，

小溪欢快地歌唱，

哗哗，＿＿＿＿＿＿＿＿＿＿。

听听，

秋的声音，

＿＿＿＿＿＿＿＿＿＿＿＿＿＿，

＿＿＿＿＿＿＿＿＿＿＿＿＿＿，

＿＿＿＿＿＿＿＿＿＿＿＿＿。

（三）学生分享

师：有位同学是这样写的（播放小朋友的朗诵录音）。

（四）课文小结

师：同学们，夏天过去，秋的声音从远方匆匆地来；冬天到来，向远方匆匆地去。秋的声音藏在大自然的许多事物中，只要我们留心观察，细细聆听，就一定能听得到。

出示最后一节：

听听，

秋的声音，

从远方匆匆地来

向远方匆匆地去。

听听，

我们去听秋的声音。

【设计意图：通过学习诗歌的结构，迁移写法，模仿诗歌的结构进行仿写。】

六、作业布置

同学们，今天的课就上到这里。老师给大家布置了两项课后活动，感兴趣的小朋友自己选做一下！

1. 搜集有关秋的诗歌、画作。

2. 寻找秋天：看看秋的色彩，闻闻秋的味道。

板书设计

听听，秋的声音

黄叶

蟋蟀——大雁——秋风

……声音美妙

秋天美好

理想人性

——《藤野先生》教学设计

叶少婷

教学目标

1. 树立课文的主要内容，把握回忆性散文的基本特点。

2. 通过感受叙述者的态度和情感色彩，理解文章的主旨。

教学重难点

通过感受叙述者的态度和情感色彩，理解文章的主旨。

教学过程

一、回顾文章人物，初步感知情感

鲁迅先生在 45 岁时写《朝花夕拾》，回忆温馨的往事，记起了在成长路上陪伴他、在他心中留下印记的人，请你帮他整理下面人物的相关信息并完成表格。

人物	特点	对"我"成长的影响
藤野先生		
寿镜吾先生		
长妈妈		
……		

【设计意图：引导学生回忆以前学过的鲁迅的文章，为今天的课程做好了铺垫。】

二、初读感知，概括人物事件

概括并分析课文典型事件，筛选出不同主题的陈列物，依照示例分别填写陈列表。

"藤野先生馆"陈列表

典型事件	人物品格	对应陈列物
初见藤野先生	不拘小节	藤野先生领结歪斜的课本插图

【设计意图：根据对学生学情的预测，学生对概括文章主要事件已较为熟练地掌握，本环节引导学生从典型事件中概括出人物品格。同时，与语言运用题相结合，设置陈列馆情景，推动学生的语言运用与表达。】

三、深入品析

根据提示填写表格，梳理作者在日本留学时期的见闻与心态。

事件	心态与情绪	品味文中词句	主要行为
观富士山		（根据原文填空） 东京是这样。 望去绯红的轻云。 要将脖子扭几扭。 实在标致极了。	
回留学生会馆		（在文中标出以下词语） 还，倘在，倒也还可以，但到，不免	一转，坐坐
去仙台的路上		（找出帮助体悟"我"的情绪的句子）	想起明朝遗民
初到仙台		①蚊子竟无从插嘴，居然睡安稳了 ②可惜每天总要喝难以下咽的芋梗汤。	
初进课堂		他们的翻译和研究新的医学，并不比中国早。	认为日本接触新医学并不比中国更早

续表

事件	心态与情绪	品味文中词句	主要行为
改讲义		①他收下了，第二三天便还给我，并且说，此后每一星期要送给他看一回。我拿下来打开看时，很吃了一惊，同时也感到一种不安和感激。 ②原来我的讲义已经从头到末，都用红笔添改过了，不但增加了许多脱漏的地方，连文法的错误，也都一一订正。这样一直继续到教完了他所担任的功课：骨学，血管学，神经学。	后悔不太用功
匿名信事件		（找出文中直接抒发感慨的句子）	
看幻灯片		偏有中国人夹在里边； 呜呼！无法可想！	
离开之后		①但不知怎地，我总还时时记起他，在我所认为我师的之中，他是最使我感激，给我鼓励的一个。	

【设计意图：根据表格梳理作者在日留学见闻和感受，着重训练学生通过语言文字品析作者的心态与情绪。】

四、观照现在，升华"伟大"

结合课文和补充材料，说说为什么藤野先生"是最使我感激，给我鼓励的一个"，为什么他的性格在我的眼里和心里是伟大的？

补充材料：此文创作于 1926 年，这一年是鲁迅思想最为复杂，情感也最为矛盾的一年，重大事件有："女师大风潮"引起的与"现代评论派"的论争、"三·一八"惨案……1926 年秋天，在反动军阀及其御用文人的迫害下，鲁迅被迫离开北京南下到厦门。《藤野先生》就是这时在厦门大学图书馆楼上写成的。前面的路该如何走深深地困扰着鲁迅，这一处境与他日本求学时何等相似：在孜孜不倦求索道路上的苦闷与彷徨。

【设计意图：通过补充材料，帮助学生了解当时的社会背景和历史背景，帮助学生更好地体会作者情感和文章主旨。】

五、课堂总结

本文是一篇写人记事的回忆性散文，生动形象地记述了一位正直热诚的日本学者如何对待自己的教学工作以及耐心、平等地对待一个异国学生；并深刻地写出作者自己思想历程上的重要选择，表达了作者对先生的怀念和感激之情。时隔 20 年，作者仍"时时记起他"，足足藤野先生对他的影响之大。一位优秀的教师就像一盏不灭的灯，会长久地照耀着人们，给人以精神和力量！

六、作业设计

对比阅读《纪念刘和珍君》、《为了忘却的记念》，巩固本课学习重点和训练点。

板书设计

藤野先生

作者		藤野
在东京	在仙台	回国弃医从文
失望	感激	救国

学会批注

——《牛和鹅》教学设计

叶少婷

教学目标

1. 学习用批注的方法阅读。
2. 通过人物的动作、语言、神态体会人物的心情。

教学重难点

学习用批注的方法阅读，学习从提出疑问、记录感受、评点写法的角度进行批注。

教学过程

一、谈话导入，激发兴趣

1. 猜谜语"头戴一顶白帽子，身穿一身白袍子，蹬着一双红鞋子，唱着歌儿伸脖子"打一动物。

2. 看到大白鹅，你会想起哪一首诗？《咏鹅》，我们一起来背一背吧。

3. 我们看过图中的鹅，赏过诗中的鹅，这些鹅都非常地活泼可爱。那么生活中的鹅，你有没有见过呢？

4. 展示鹅欺负人的图片。看了这些图片，我想鹅在你们心目中的形象肯定被颠覆了。

5. 今天，我们要学习的这篇课文里也有鹅，来，一起齐读一下课文的标题吧。

【设计意图：通过猜谜语的方式引出本文主题。激励学生谈谈生活中见到的鹅，激发学生兴趣。】

二、初读课文，识记字词，整体把握

1. 生词学习。

课前，你们预习过了，那么这些词语你们会读吗？谁来读？

课件出示：

甚至　顽皮　故意　脖子　扑打　忙乱　大概

助威　昏乱　结实　汉子　可笑　无缘无故　平白

霖哥儿　金奎叔

这是课文中的两个主要人物，哥儿是对男孩子的称呼，课文中的霖哥儿是谁啊？是作者任大霖。

2. 课文的题目是牛和鹅，那么课文中的主要内容是什么呢？谁能用自己的话简单说一说？

【设计意图：巩固字词基础，引导学生概括文章主要内容。】

三、整体观察全文批注

师：同学们请看，我们课文的旁边有一些小字。《牛和鹅》是作者任大霖写的，那这些小字是谁写的呢？

生：是读者写的。

师：没错，这些小字，我们叫它批注，读书做批注是很好的阅读方法。咱们这篇课文里有几处批注？赶紧数一数。

生：5 处

师：读者是怎么做批注的呢？

【设计意图：以容易理解的方式引导学生关注批注，初步感知批注是什么。】

四、细读批注，探究批注方法

1. 请看第一处批注，请两位同学来读一读，一个读原文，一个读批注。其他同学仔细听，看看课文和批注有什么关系。

师：这个批注其实是对课文内容的——疑问。哦，读者读到这一段时，有了疑问，所以提出了问题，同学们也可以从提出问题这一角度做批注。

2. 这是课文的第二处批注，谁来帮我读一下。

生："对牛和鹅的态度对比真鲜明啊"

师："这个批注对应文中的哪几个段落？请把这几个段落读出来"

师：批注和文章内容是紧密联系的，读到哪里就批注到哪里。我们刚刚也读了，那么说说"我"对牛、对鹅的态度有什么不同？

生："我"看到牛一点也不害怕，而我们看到鹅总是躲得远远的。

师：仅仅是不怕牛吗？他们还欺负牛。

3. 把对牛和对鹅的态度做一个对比，你有什么感受？

生：牛很可怜，鹅很嚣张，为什么牛比鹅还可怜。

师：这位读者的感受就是对牛和对鹅态度的对比真鲜明啊。咱们在读书的时候啊，也可以这样从记录感受的角度来做批注。

4. 我们知道了"我"很怕鹅，怕鹅的"我"偏偏就遇上了鹅。课文第6段写的就是"我"遇上了鹅，被鹅袭击的情景。这旁边也做了一处批注。请一位同学来读一读。

生：逃跑——被鹅咬住——呼救，那种惊慌失措写得很真实。

师：这句批注里有一个词"写得"，那你看这条批注其实是在干嘛？

生：在评论这篇课文。

师：是的，他在评价课文这里写得怎么样。我们可以说它是从评点写法的角度做批注。从这条批注看来啊，这个段落写得很精彩，真的是这样吗？我们一起看看。

5. 默读第六自然段，画出关键词句，体会"我"见到鹅和被鹅袭击时的心情。

生：我画出了"急急逃跑"，体会到了"我"的害怕。

生：我画出了"我吓得脚也软了，更跑不快"

生：我画出了"在忙乱中，我的书包掉了，鞋子也弄脱了"

生："我就又哭又叫，大概是这样叫吧：'鹅要吃我了！鹅要咬死我了'"

师：这是呼救时的我，谁来学一学。

生：试读"鹅要吃我了！鹅要咬死我了！"

师：用一个词来形容这时的"我"——惊慌失措。

【设计意图：引导学生观察可以从哪些角度进行批注，通过问题引导法促进学生从文章语言中体悟人物心情和态度。】

五、学以致用，学生试做批注

1.刚才呀，我们都在评点别人做的批注，有没有心动手痒的感觉，也想自己来做一做批注呢？

读 5-7 自然段，找出写鹅的句子，选择一处反复读，试着在旁边空白处用简洁的文字做批注。

2.先看第五自然段，写鹅的句子，老师已经用红色字体标注出来了，你写了什么批注？

生：鹅目中无人。

生：对鹅的动作进行了描写。

师：我发现啊，同学们做的批注，有的是记录感受，有的在评点写法。

【设计意图：学以致用，教师规定确定地范围，学生进行批注，检验课堂学习效果。通过同学间的批注分享促进学习与交流。】

六、课堂总结

师：今天这节课，我们了解了什么是批注，还知道了可以从提出疑问、记录感受、评点写法三个角度来写批注。

那么 8-15 段，读者是从什么角度做批注的呢？后来为什么"我"改变了对牛和鹅的态度呢，请同学们继续读后面 8-15 段，别忘了，注意旁边的批注，你还可以自己读自己写批注。

七、作业：仿写课文

课文中描写鹅的语句生动活泼，让人忍俊不禁。你在生活中有养过或仔细观察过小动物吗？请你模仿文中生动有趣的语言写一篇关于动物的小练笔。

板书设计

牛　　鹅

特性：朴实　傲慢

态度：赞美　讽刺

详略：略　　详

一代人有一代人的青春

——《哦，香雪》《百合花》专题教学设计

黄茂云

教学目标

【语言目标】以品读为主，深入研读文本，感受散文体小说清新的笔调，体会细节描写、心理描写与景物描写的完美融合。

【思维目标】以"一分钟"为突破口，品读欣赏香雪等台儿沟姑娘的美好梦想，体会小说的青春和时代主题，培养小说鉴赏能力。

【审美目标】品味散文体小说洋溢在字里行间的诗情画意，欣赏香雪们青春的纯真与质朴，感受生命的美好。

【文化目标】理解小说折射出的时代信息，探究改革开放后的中国走向文明、开放的痛苦与喜悦。

教学过程

一、美妙的一分钟·青春的选择

《哦，香雪》讲述火车开经小山村台儿沟，停留一分钟，激起的青春动荡。

思考：("一分钟"前后的变化)

"一分钟"以前，台儿沟是什么样子的？

"一分钟"后呢，台儿沟发生了怎样的变化？

师：女孩们在火车上发现了哪些她们喜欢的新奇物件儿？

金圈子、手表、发卡、纱巾、尼龙丝袜、书包、自动铅笔盒，当然，还有"北京话"。

师：火车带来了这些从未见过物件儿，如果是你们在选择，会选择什么呢？

【设计意图：此处学生可能笑场，可能不严肃，但设置此情境任务的目的在于让学生明白选择本身没有褒贬对错，重要在站在香雪和凤娇等人物立场上，体味她们选择的青春情愫。】

二、自动铅笔盒·青春的成长

香雪选择了自动铅笔盒。

（一）情有独钟自动铅笔盒

学生阅读 57-63 段，思考：

叙述方式（插叙）；

两顿饭和三顿饭的差距；

木铅笔盒和泡沫塑料铅笔盒的差距；

第一次意识到贫穷是不光彩的，"贫穷是不光彩的"？

同桌的铅笔盒能用三十个鸡蛋换来吗？

小结：青春的自卑

（二）一件不是"值不当"的事

学生阅读 48-56 段，思考：

你对 48 段中"旅客们爱买她的货，因为她是那么信任地瞧着你，那洁如水晶的眼睛告诉你，站在车窗下的这个女孩儿还不知道什么叫受骗"有感触吗？

香雪打听"配乐诗朗诵"和自动开关铅笔盒，追着火车跑了好远，被姑娘们取笑"值不当"，你怎么认为呢？

小结：青春的梦想

（三）三十里夜归

1. 学生阅读 73-78 段，画出文中环境描写的文段，品味妙处。思考环境描写与心理描写的巧妙结合。

（1）"现在她害怕这陌生的西山口，害怕四周黑幽幽的大山，害怕叫人心跳的寂静，当风吹响近处的小树林时，她又害怕小树林发出的窸窸窣窣的声音。"

（2）"她站了起来，忽然感到心里很满意，风也柔合了许多。她发现月亮是这样明净。群山被月光笼罩着，像母亲庄严、神圣的胸脯；那秋风吹干的一树树核桃叶，卷起来像一树树金铃铛，她第一次听清它们在夜晚，在风的怂恿下"豁啷啷"地歌唱。"

（3）"她环视群山，群山沉默着；她又朝着近处的杨树林张望，杨树林悉悉萃萃地响着，并不真心告诉她应该怎么做。"

（4）"小溪的歌唱高昂起来了，它欢腾着向前奔跑，撞击着水中的石块，不时溅起一朵小小的浪花。"

心理变化：怕——不怕——犹豫——坚定

分析：景物是心情的外化，同时又烘托心情，情景完美交融。而促使香雪心理变化、成熟的关键，正是铅笔盒。

小结：青春的追寻

2. 插叙换芝麻糖的故事又有什么意义？

用换芝麻糖的故事说明香雪从来不骗人。香雪善良、体贴父母，换回铅笔盒后自然想到娘积攒的四十个鸡蛋没了，父亲总是期盼人家娶媳妇、聘闺女才有干不完的活，挣回自己的学费。可是铅笔盒与芝麻糖不同，"这是一个宝盒子，谁用上它，就能一切顺心如意，就能上大学、坐上火车到处跑，就能要什么有什么，就再也不会被人盘问她们每天吃几顿饭了"，此时铅笔盒在香雪心中，已经不仅仅是盛文具的工具，它代表了尊严，代表了知识，代表了美好的生活与梦想。这也成了香雪的信念支撑。

（四）青春的骄傲

"她忽然觉得心头一紧，不知怎么的就哭了起来，那是欢乐的泪水，满足的泪水。面对严峻而又温厚的大山，她心中升起一种从未有过的骄傲。"

小结：青春的骄傲

总结：青春的自卑——青春的梦想——青春的追寻——青春的骄傲

三、细节解读法·小中能见大

《百合花》中的"百合花"被、野菊花、馒头、衣服上的破洞等多个细节描写，每个细节先后出现多次，对展开和呼应故事情节、表现人物形象、揭示文章主旨等有着特殊的作用。

正如茅盾先生所说的"没有闲笔"，"善于用前呼后应的手法布置作品的细节描写，其效果是通篇一气贯串，首尾灵活。"

《哦，香雪》中自动铅笔盒、火车等细节，既是小说特殊的线索，也具有极强的象征意义。白烨《评铁凝的小说创作》：一只铅笔盒，使我们看到了洋溢着青春气息的农村青年的积极的人生追求！铁凝把她以小见大、平中求奇的创作特长充分地施展出来了。

短篇小说的细节是短篇小说的价值所在，小说的欣赏就是对一个又一个细节的解读过程，在小说欣赏中如果忽视了细节的欣赏，就不会有什么美感享受，也不会有什么情感体验，小说的阅读至多是一种浅阅读。

四、知人论世法·青春的内涵

茹志鹃写《百合花》时，正是反右斗争后不久，她的家庭成员是这场扩大化运动的受害者。冷峻的现实生活使她不无悲凉地思念起战时的生活、那时的同志关系。她说："战争使人不能有长谈的机会，但战争却能使人深交。有时仅几十分钟，甚至只来得及瞥一眼，便一闪而过，然而人与人之间，就在这一刹那里，便能胆肝相照，生死与共。"所以，《百合花》是她在忧虑之中，缅怀追念往事的产物。《百合花》受到了茅盾先生的高度评价，他说："这是我最近读过的几十篇小说中最使我满意也最使我感动的一篇。"

PPT 展示作者铁凝资料。

"文化大革命"时期，政治性、阶级性成了人的唯一属性，也是文艺批评的唯一标准，人道主义完全被驱逐出文艺创作的领域。"文化大革命"结束后，人道主义才又在中国兴盛起来。

香雪对铅笔盒的追求，就是对文明的追求，能够主动追求文明和进步，才是她身上智慧因素的觉醒。香雪的理想代表着穷乡僻壤的山民要摆脱贫困和封闭的企求，香雪的性格代表着那个时期进步青年的纯真、善良、追求上进的性格。香雪所追求的是超越物质之上的精神上的东西，想得到未来的彼岸幸福。

小说	青春内涵	
《百合花》	战火中的青春美与人性美	一代人有一代人的青春
《哦，香雪》	改革开放之初青春的梦想与追寻	

五、致青春·一代人有一代人的青春

作家曹文轩：好看的并且有意味的小说，不是一支离弦的箭，而更像一群有着好心情的鸟儿。它们在天空下盘旋，跃升，俯冲，在留下无数撩人的无形曲线之后，才消失在人们的视线中。

好的小说，尽量伸展读者与故事结局的距离，使得小说不再过分顺畅的前行，造成阅读期待。同时也因为平添了这些枝叶，延长了审美体验的过程。

一代人有一代人的青春，那么——香雪、凤娇她们走出大山，找寻梦想后，青春如何绽放的呢？

我们的青春呢？

PPT展示铁凝《捍卫人类精神的健康》：

为什么许多读者会心疼和怀念香雪那样的连什么叫受骗都不知道的少女？为什么处在信息时代的我们，还是那么爱看电影里慢跑的火车上发生的那些缠绵或者惊险？我不认为这仅仅是怀旧，我想说，当我们渴望精神发展的速度和心灵成长的速度能够跟上科学发明的速度，有时候我们必须有放慢脚步回望从前的勇气，有屏住呼吸回望心灵的能力。有位我尊敬的老作家说过：在女孩子们心中埋藏着人类原始的多种美德。我想，即使有一天磁悬浮列车也已变为我们生活中的背影，香雪们身上散发出来的人间温暖和积极的美德，依然会是我们的梦。我们梦想着在物欲横流的生存背景下用文学微弱的能力捍卫人类精神的健康和心灵的高贵。这梦想路途的长远和艰难也就是文学得以存在的意义。同时这也是文学的魅力——梦想使我们不断出发，而路上的欢乐一定比目的地之后的满足更加结实。

六、作业设计

（一）致青春·诗歌

《百合花》和《哦，香雪！》都被改编成了同名电影，参照影片《百合花》的主题歌词，为影片《哦，香雪》写一段歌词，或者为小说《哦，香雪》写一段新诗感悟，与同学交流、分享。

【设计意图：学以致用，了解不同媒介语言文字运用现象，运用多种媒介展开有效交流和表达。】

电影《百合花》主题歌词：

啊 – 啊 – 啊 ——，

百合花，百合花，绿丛中洁白无瑕。

静静山谷里，深深把根扎。

啊 – 啊 – 啊 – 啊 ——，

静静山谷里，深深把根扎。

百合花，百合花，盛开在原野山涯。

默默迎曙光，甘把幽香洒。

啊 ——— 啊 ———，

默默迎曙光，甘把幽香洒。

啊 ——— 啊 ————，甘把幽香洒。

啊 ——————，啊 ——————，啊 ——— 啊 ———。

（二）致青春·书信

从香雪和凤娇两个人物中任选一个，以 40 年后的生活为背景写一封信。可以写给 40 年前的自己，也可以写给 40 年前的对方，你会选择谁？会说些什么？

课堂微写作，朗读展示。

【设计意图：让学生熟悉书信体表达特点，读懂作者，读出自己。40 年，时过境迁，将近两代人，学生能走进那段岁月吗，学生能理解香雪当初的选择吗？通过自由抒情的书信形式，让学生有一种代入感，渐进式的真实情境，任务驱动的效果才最大化。】

品读传神细节　致敬时代楷模

——第二单元专题二第 2 课时教学设计

黄茂云

教材分析

在人们的日常生活中，信息沟通从来没有像今天这么便捷、频繁而普遍，拥有优秀的信息阅读能力和沟通交流能力已经成为现代社会对人的基本要求。

本单元属于"学习任务群 7 实用性阅读与交流"学习内容，新课标对此的教学要求是："引导学生学习当代社会生活中的实用性语文，包括实用性文本的独立阅读与理解，日常社会生活需要的口头与书面的表达交流。通过本任务群的学习，丰富学生的生活经历和情感体验，提高阅读与表达交流的水平，增强适应社会、服务社会的能力。"

作品共有三课，围绕"树立新时代青年应有的劳动观念"，或报道优秀劳动者的杰出事迹，或倡导践行工匠精神，或歌咏劳动的美好与欢乐。"教学提示"要求教师：教学以社会情境中的学生探究性学习活动为主，合理安排阅读、调查、讨论、写作、口语交际等活动；新闻传媒类内容，在分析与研究当代社会传媒的过程中学习；尝试选择传统媒体和新媒体写作。

课本的"单元目标"另对工具性学习作了具体的要求：学会分析通讯的报道角度，理解事实与观点的关系，抓住典型事件，把握人物精神；了解新闻评论的观点，学习阐述观点的方法；辨析和把握新闻的报道立场，提升媒介素养。

学情分析

学生已经完成本单元的专题一"声——聆听先民劳作欢歌"（2 课时）和专题二"形——追寻劳模人生足迹"（3 课时）的第 1 课时，赏析了两首古诗，体会其中表现的劳动之美以及梳理了几位劳模的主要事迹。

但学生对于劳动精神的品读，特别是解读新时代青年应该树立的劳动观念还缺乏深度，对于人物通讯如何表现人物精神的写作手法，只停留在感性认知阶段，尚需进一步深入学习。

教法学法

本单元的教学以社会情境中的学生探究性学习活动为主，我们设计了一组贯串整个单元教学的活动——在学校劳动周期间，布置"劳动之歌"展厅——打通语文课堂与校园文化建设，采集语文学习的过程，形成学生成长档案。

本课时的教学是落实展厅中劳模风采图片展的部分，学生通过学习人物通讯的写作方式，拟写展厅图片的解说词。

在教学中，通过提供学习支架，引导学生开展同伴互助，小组共同研讨打磨等活动，组织学习，以更好地面向单元整体的深层阅读和交流，将人文性任务与工具性任务融合为一个有机整体。

教学目标

1. 语言建构与运用：学习通讯通过典型的事件刻画人物风采和品质的写作方式。

2. 思维发展与提升：深入了解人物形象，认识人物业绩的价值，揭示劳动内涵。

3. 审美鉴赏与创造：关注典型事例和细节，发现生活中的美好，学习刻画人物。

4. 文化传承与理解：认识工匠精神在当代的意义和价值，形成正确的劳动观念。

教学重点

学习选取典型事例、抓住感人细节的写作手法。

教学难点

如何引导学生将所学的知识运用到写作实践中。

【**教学方法**】

讨论法、提问法、小组合作法、活动教学法

【**教学课时**】

1 课时

【**教学过程**】

任务情境:"劳动之歌"展厅的布置正在紧张有序地进行。展厅现在需要招募几位解说员,解说员需要在介绍展厅内容时,善于抓住细节,进行精炼的点评,揭示人物思想品质。

一、劳动歌曲我来唱

请同学们吟唱《芣苢》。

这是一首 2500 年前的古人劳作之歌。我们通过吟唱,感受到劳作的快乐,收获的喜悦。同学们,这是不是我们所说的劳动精神呢?新时代的劳动精神,又有怎样的发展呢?

【设计意图:抒情、激疑导入,调动学生的情感体验,也为整节课设置了一个主问题。】

二、时代楷模我来赞

任务设计 1:请选出你最喜爱的时代楷模,并用最简明的语言说明理由。

【设计意图:检查学生对本单元三篇通讯报道的信息梳理的掌握情况,整体感知课文,"以学定教",为下面的教学环节打好基础。】

三、图片展览我来选

任务设计 2:圈画出文中最打动你的几处细节描写(不少于 5 处),进行小组交流,向同伴介绍你选择的文段,并阐述理由。

【设计意图:发现细节,解读细节,形成过程性学习经验和情感体验,逐步建构立体的学习支架。】

任务设计3：选出精彩图片，选取感人细节，选用合适标题，为我最喜爱的时代楷模布展。

【设计意图：此环节旨在挖掘典型事件以表现人物精神，并在其中体现作者的立场和态度。创设学习活动情境，将人文性任务与工具性任务融合为一个有机整体。】

四、细节描写我来品

任务设计4：评选最有特色的细节描写，师生共同点评，品味精彩，感悟精神。

【设计意图：品析文章主要使用的描写手法，品读新闻通讯中作者精心描写的细节，引导学生关注细节，开发"细节"，打通阅读与写作，学以致用。】

五、劳动精神我们传

带领同学们吟唱《芣苢》。

劳动是快乐的，收获是愉悦的，奉献是幸福的。今天，我们在这里采撷传神细节，致敬时代楷模，劳动精神的光芒照耀我们前进的方向。同学们，新时代的号角已经吹响，让我们一起勤奋学习，创造未来，不负时代！

【设计意图：引导学生通过一篇文章认知一个时代、一种民族的精神风貌，升华文章主旨，传承劳动精神，创新劳动内涵，落实"立德树人"的育人要求。】

六、作业设计

请亲身体验一次自己父母的工作，精心选择细节，写一首赞美劳动（者）的小诗。

【设计意图：这个作业的设计既承接了第一单元的写作实践，巩固学习成果；又为本单元写作实践任务的最终完成做好铺垫，形成学习支架。】

板书设计

品读细节　致敬楷模

【设计意图：板书的设计紧扣教学重点，脉络清晰，简洁明了，帮助学生理解、掌握学习的主要内容。】

寻觅"家乡文化生活"之旅

——《家乡文化生活》教学设计

黄茂云

设计理念与课堂构思

《家乡文化生活》是活动类学习单元,《新课标》要求聚焦特定的文化现象,自主梳理材料,开展社区文化调查等,目的是让学生在参与性、体验性、探究性的语文实践活动中,综合运用语文能力,提升当代文化参与意识。

本单元小视角切入选题,聚焦科大校训中的"红专并进",引导学生在查阅资料,参观考察的基础上剖析、评价科大的"红专"文化,弘扬社会主义优质文化。学生初步学会如何展开寻访"家乡文化生活"的学习活动,为自主调研"家乡文化生活"奠定基础。

学情与知识支架

我班学生总体较好,对于科大这所著名高校充满向往;科大作为全国著名学府,学者众多,网络信息丰富,为学生查询提供了便利;在课前引导学生通过自主查询、资料共享、观看视频等方式初步感受"红专"文化。

单元教学框架

本单元学习活动主要安排三个专题,分别是记录家乡的人和物,家乡文化生活现状调查和参与家乡文化建设。在第一个专题内,设计了四个活动任务:

活动一、借助寻访实例,指导学生展开寻觅乡文化生活之旅;

活动二、学生自主确定访谈提纲,进行人物访谈;

活动三、选择家乡文化典型人物,撰写人物志;

活动四、学生分享交流记录家乡人和物的学习成果。

本节课主要内容是在活动一的任务驱动下，开展的学习、分享和交流活动。

专题一重难点

重点：1.（交流分享的）学生通过学习共同体（分组、社团），实地参观校史馆、考察国家同步辐射实验室和微尺度物质科学国家试验中心，通过网络查询科大高层次人才情况，人物访谈，认识科大"红专"文化，储备分享交流的素材。

2.（上课的）学生在课前自主查询，资料共享，观看视频的基础上，在寻觅科大"红专"文化的过程中，初步学会如何展开记录"家乡文化生活"的学习活动，为学生自主调研"家乡文化生活"奠定基础。

难点：基于借班上课的现状，社会实践无法进行，学生缺少实地参观和考察的感悟，可能会使课堂学习和交流不便。

互动、分享模式

活动类学习单元离不开实践，针对教学难点，本节课在课堂生成过程中采用三方互动的形式：即教师引导；一六八学生活动互动；已参加实践的学生交流分享。

活动与分享的流程

一、新课导入

1958 年，在党中央和科学院的领导下，肩负"两弹一星"使命的中国科大成立，开学典礼上，聂荣臻元帅像当年指挥千军万马一样，作了《把红旗插上科学的高峰》的重要讲话，科大这所年轻而又厚重的高校，在诞生之初就承担着科教兴国的历史使命。

1970 年科大南迁合肥，50 多年来合肥与科大从两两相望到相伴相生，缘深情真。2020 年 5 月，合肥市市长凌云发文《倾城之恋——一座城市与一所大学半个世纪的情缘》，该文一发轰动合肥，可见科大与合肥的情缘根深蒂固。家乡文化生活内涵丰富，科大是合肥一个重要的组成部分，今天我们走进中国科学技术大学，寻觅科大"红专"文化。

二、寻觅科大"红专"文化

活动一：赏校歌析校训，觅"红专"文化踪迹

1. 鉴赏校歌：

《永恒的东风》

迎接着永恒的东风，把红旗高举起来，插上科学的高峰！

科学的高峰在不断创造，高峰要高到无穷，红旗要红过九重。

我们是中国的好儿女，要刻苦锻炼，辛勤劳动，

在党的温暖抚育、坚强领导下，为共产主义事业作先锋。

又红又专，理实交融，团结互助，活泼英勇，

永远向人民学习，学习伟大领袖毛泽东。

合作讨论：欣赏校歌《永恒的东风》后，伴着歌曲的余韵，请找出歌词中最能代表"红专"文化的短语？

2. 品析校训：

中国科大：红专并进　理实交融

清华大学：自强不息　厚德载物

北京师大：学为人师　行为世范

厦门大学：自强不息　止于至善

合作讨论：每个大学的校训都有自己的特色，比较品析科大的校训有什么特色？

补充分享一：分享科大"红专"文化的多种解读。

郭沫若　　陈毅　　钱三强

【设计意图：在鉴赏校歌和品味校训的过程中，感知科大"红专"文化产生的背景，初识科大"红专"文化中的使命和担当。】

活动二：说物品谈人物，晓"红专"文化内涵

1. 参观校史馆，说物品：

补充分享二：螺旋式加速器　　赵忠尧

　　　　　　生命的文件夹　　郭永怀

【设计意图：学生在观看校史馆代表性的展品，查阅科大在发展中的一

些事例和人物后，感受"红专"文化深厚的历史底蕴，感知社会主义优质文化。】

2. 参观实验室，谈人物：

学生通过自主查阅和资料分享，了解同步辐射国家实验室和合肥微尺度物质科学国家研究中心的前沿科技和著名的科学家，分享先进科技成果，感受"红专"文化影响下人物的情怀。

预设：学生自由畅谈、交流

补充分享三：潘建伟的团队在国际上的地位和他的"红专"情怀。

潘建伟的量子态隐形传输实验取得"量子信息实验领域的突破性进展"，这个实验被公认为量子信息实验领域的开山之作。2014年11月，作为项目首席科学家，44岁的他宣布"京沪干线"量子保密通信工程和"量子科学实验卫星"工程进展顺利，中国将在2030年率先建成全球化量子通信卫星网络。2016年8月16日，我国在酒泉卫星发射中心用长征二号丁运载火箭成功将世界首颗量子科学实验卫星（简称"量子卫星"）发射升空。

"在中国建立一个像您实验室这样的世界领先的实验室。"

"我是要回来的，你们会看清楚的，不需要解释。"

"希望努力学习，早日归来，为民族复兴作出贡献！"

【设计意图：通过实地考察和网络查询的方式，了解科大领先世界的先进科研成果，通过讲述科学家感人的故事，深刻理解他们"红专"情怀，增强文化自信。】

活动三：话归国数人才，明"红专"文化作用

预设：学生自由畅谈、交流

补充分享四：新时期科大高层人才情况及归国人才调查。

科大归国人才连续五年递增，青年千人计划中百分之十是科大毕业的，这一数据全国领先。

红专并进一甲子，科教报国六十年，中国科学技术大学的发展史，中国科学技术大学的"红专"文化史，就是一部爱国史、一部奋斗史。人民日报将科大的"红专并进，科教报国"的办学理念称为"永磁体"。

活动四：议当下看今朝，思"红专"文化价值

预设：学生自由畅谈、交流

当今，在美国的怂恿下，西方国家又开始对我国的科技进行新一轮的围剿（对华为芯片断货），在残酷的现实面前，我们该怎么办？

面对日趋激烈的国际竞争，新时代少年必须扬起"红专"大旗。为了祖国的未来，为了民族的振兴，我们必须迎难而上，勇于担当，红字当头，专字立地，用"红专"文化厚植学子家国情怀，这样才能强大我们的祖国，才能实现"中国梦"。

三、活动建模：寻访"家乡文化生活"学习活动流程图

1. 聚焦特定文化现象　　　2. 探寻文化成因发展

3. 实地考察经典物品　　　4. 查阅典型人物事迹

5. 挖掘家乡文化内涵　　　6. 思考文化当代价值

四、作业布置

从以下文化现象中，选择你感兴趣的一项，组织小组合作，创造性运用活动流程开展学习活动。

例：家乡非遗文化、家乡历史名人、家乡旅游文化、家乡戏曲文化、家乡节日习俗……

板书设计

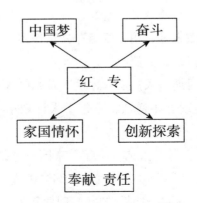

品味异国风情，领略他乡风景

——《自己的花是让别人看的》教学设计

杨威娥

教学目标

1. 正确认读及理解"花团锦簇、姹紫嫣红、应接不暇"等词语。

2. 抓住主要内容，了解作者所介绍的德国风景与风俗特点；品评重点词句，感悟"人人为我 我为人人"的境界。

3. 有感情地朗读课文，积累优美语言，并从中体会蕴涵的情感。

教学重点

朗读与推敲中读懂含义深刻的词句，积累优美语言。

教学难点

体会文中蕴含的哲理和情感，受到启发与教育。

教学过程

一、课前三分钟

1. 下面用热烈的掌声欢迎我们今天的读书达人。

2. 请个别同学点评（谢谢你的肯定与建议，相信下次他会表现更突出）

【设计意图："书中自有黄金屋，书中自有颜如玉。"引导学生从课内走向课外，小小的舞台激发阅读的兴趣，提升学生语言表达能力。】

二、走进作者，知人论世

1. 请看黑板，齐读课题《自己的花是让别人看的》。作者是？（季羡林）

2. 谁能简单介绍一下季羡林爷爷？

3.（出示图片）季羡林先生，一个慈祥的老人、一位令人敬佩的学者。我们第一次认识季老先生，还是在《小苗与大树的对话》中，他告诉我们要多读书。他是"国学大师"、"学界泰斗"、"国宝"。季老先生曾在德国哥廷根大学留学十多年，所以他称德国的哥廷根是自己的第二故乡。

4. 课前你们也查找了德国的相关资料，有谁来分享？

5. 德国还出现许多杰出的人物，饮食文化更是吸引了不少游客，最令人敬佩的是他们的礼仪习俗，他们还很爱花，有谁知道他们的国花是什么？（矢车菊）

6. 今天我们跟随季老一起走进德国。请同学们带着这些要求自由读课文：

（1）读准生字词（2）画出四字词语，思考意思（3）概括：课文主要写了什么内容？

7. 请看黑板，这些词语你会读吗？请同桌自由读

脊梁　　莞尔一笑　　花团锦簇

姹紫嫣红　应接不暇　耐人寻味

【设计意图：通过回忆和课前资料收集，架起学生与作者、文本三者之间的距离，初读课文，走进文本，形成学生与文本的有效对话，为感悟"人人为我，我为人人"的境界做好了铺垫。】

三、走进文本，品味语言

（一）悟"行为美"

1. 回想一下，读了课文你了解到什么？（生说）简单的话说说。难怪四五十年后季老重游德国，发出这样的赞叹：（多么奇丽的景色！多么奇特的民族！）（板书：奇丽的景色、奇特的民族）

2. 作者为什么说这是一个奇丽的景色？

家家户户都在养花。他们的花不像在中国那样，养在屋子里，他们是把花都栽种在临街窗户的外面。花朵都朝外开，在屋子里只能看到花的脊梁。

3. 请观察这段话，你有什么发现？读着这段话，你仿佛看到了什么？

4. 让我们带着这种体会再来读一读这段话。

5. 花朵都朝外开，在屋子里只能看到花的脊梁。老师给同学们带来一位稀客，他来自这句话的其中一个字，猜猜他是谁？

6. 甲骨文 🐍 = 🐍 + 🐍

7. 你们怎么知道的？那你从中看出古人造字的智慧了吗？月部表示的是身体，和肉有关，回忆有哪些字带月字部也是和身体有关的？

8. 同学们的发散思维让老师佩服。我们继续从文字中感受下德国那奇丽的景色吧！读

走过任何一条街，抬头向上看，家家户户的窗子前都是花团锦簇，姹紫嫣红。许多窗子连接在一起，汇成了一个花的海洋，让我们看的人如入山阴道上，应接不暇。

（二）悟"景色美"

1. 读者这一段话，哪些词语引起你的遐想？你是怎么理解这些词语的？（从"花团锦簇"、"姹紫嫣红"两个词语体会花的数量多，色彩的鲜艳，"应接不暇"从游人看花侧面烘托景色之美）

2. 引经据典，妙笔生花。这段话藏了一个秘密，善于观察，善于学习的孩子赶紧去文段中找一找。

3. "山阴道"，通过课前学习，你知道"山阴道"吗？那么你觉得山阴道会是怎样的地方？师相机补充资料。

（出示课件）在会稽城（今浙江绍兴城）西南是通向诸暨枫桥的一条官道。远山近水、小桥凉亭、田园农舍、草木行人，相映成画。画中游而身亦入画，晴日风雨，无不相宜，颇具中国山水画之神韵。

因此，东晋王献之有妙句："云生满谷，月照长空，潭涧注泻，翠羽欲流，浮云出岫，绝壁天悬。千岩竞秀，万壑争流。草木蒙笼其上，若云兴霞蔚。山阴道上行，山川自相映发，使人应接不暇。"

4. 师总结，作者正是用典，引用古籍中的故事或词句，丰富而含蓄地表达有关的内容和思想。

5. 让我们一起回味这奇丽的景色吧！（填空朗读）

（1）走过任何一条街，抬头向上看，（　　　　）的窗子前都是（　　　　）、（　　　　）。

（2）许多窗子连接在一起，汇成了一个（　　　　），让我们看的人如入山阴道上，（　　　　）。

（3）每一家都是这样，在屋子里的时候，自己的花是让（　　　　）；走在

街上的时候，自己又看（　　　　）。

（三）悟"生活美"

1.那作者又为什么说说这是一个奇特的民族？自己的花是给别人看的，与行人分享了美丽、芬芳和快乐。（我为人人）走在街上，自己又能看别人的花。感受集体创造的奇丽的景色。（人人为我）

2.议一议："人人为我"和"我为人人"哪个是前提？每个人心中要有他人，为社会尽到自己的义务。如果大家都这么做就必然会换来"人人为我"的结果。

3.人人为我，我为人人。生活中你有没有感受过类似的境界？生活中的例子：

班级成立图书角，我捐出一本书，是"我为人人"，而图书角成立后，我能借到很多书，这就是"人人为我"。

我每周打扫一次教室卫生，这是"我为人人"。其他同学也打扫卫生，我能每天享受干净的环境，这是"人人为我"。……

4.我积累：与"人人为我，我为人人"意思相似的名言警句？

（1）应该让别人的生活，因为有了你的生存而更加美好。（茨巴尔）

（2）赠人玫瑰，手有余香。

（3）给予比接受更快乐。

【设计意图：紧扣文段，从悟"行为美"、悟"景色美"、悟"生活美"中感受一幅幅多姿多彩的异国风情画卷，从字里行间体会蕴藏其中丰富分人生哲理，感受到德国"人人为我，我为人人"这美好境界。】

四、对比阅读，拓展练习

细读《童年的玩与学》中《别加德满都》，每页至少做三处批注，并结合本文，以导游的身份，写一段话介绍加德满都。

【设计意图：检测学生对知识的掌握、理解和迁移应用的能力，提升学生的写作能力。】

板书设计

自己的花是让别人看的

奇丽的景色 ⎤
　　　　　　⎬ "人人为我，我为人人"
奇特的民族 ⎦

爱屋及乌

——《猫》教学设计

黎丽丽

教学目标

1. 学习生字新词，正确、流利、有感情地朗读课文，背诵自己喜欢的段落。
2. 抓住猫的性格特点，体会作者如何把猫的特点写具体。
3. 体会作者对猫的喜爱之情，激发学生观察小动物的兴趣。

教学重难点

了解课文是怎样具体描写猫的特点的，体会作者对猫的喜爱之情，激发学生观察小动物的兴趣。

教学过程

一、复习导入

1. 同学们，通过上节课的学习，老舍先生笔下的小猫给你们什么印象？现在大家来完成一项练习：

小时候的猫很（淘气），它是那样的（生气勃勃），（天真可爱），我非常（喜欢）它。

2. 那么长大了的猫又是怎样的呢？今天我们一起继续学习。

【设计意图：采用填空式的导入引导学生回忆前一节课学过的知识。为今天的深入学习做好铺垫。】

二、整体感知

1. 自由读课文第一至第三自然段，说说这三个自然段是围绕哪一句话写的？（猫的性格实在有些古怪。）

2.猫的古怪性格体现在哪里呢？从一至三自然段找一找，圈出表现猫性格古怪的词语。

3.小组交流反馈。

【设计意图：学习课文的写法：围绕总起句，抓住关键词展开具体的描写，抓住猫的性格特点，体会作者如何把猫的特点写具体。】

三、研读品味

（一）学习第一自然段

1.默读第一自然段，找出分别体现猫老实，贪玩，尽职的句子，用横线画出。

2.学生讨论，汇报。

3.品味"屏息凝视"，请学生上台表演，台下的评价。

4.你喜欢老实的猫、贪玩的猫、还是尽职的猫呢？选择一种你喜欢的读一读。

（二）学习第二自然段

1.请小组读。找出猫高兴时和猫不高兴时分别有什么表现？用"波浪线"画出。

2.品味"蹭"字："蹭"是什么意思？谁能表演"蹭"的动作？大花猫在"蹭"主人时，心里可能在想什么？

3.比较句子：

A．……在稿纸上踩印几朵小梅花。

B．……在稿纸上踩印几个小黑点。

"几朵小梅花"能否改成"几个小黑点"？为什么？

4.学生模仿猫的各种叫声，理解"丰富多腔"、"长短不同"、"粗细各异"、"变化多端"。

5.指导学生进行表演朗读。

6.这些都是大花猫高兴时的表现，它要是不高兴时就一声也不出。这只猫的性格可真是倔强呀。

（三）学习第三自然段

1.阅读第三自然段，概括出一对反义词。（胆小—勇猛）

2. 大花猫怎么胆小了呀？

3. 从哪里可以看出它勇猛呢？

4. 分角色朗读。

【设计意图：通过学生的朗读，小组的合作与交流，情境体验和对重点词语的理解，让学生在反复品读中，体会老舍先生用词的准确性，体会作者蕴藏在文字间对猫的喜爱之情。】

四、拓展延伸

老舍笔下的猫，充满了灵性，真是惹人喜爱，有个同学想在家里养只猫，可是他妈妈不同意，说猫叫起来太难听，又会把家里踩得到处都是脚印。大家能帮他一起来说服他的妈妈吗？为了使你的说服更有说服力，建议你用上课文中的语言。

【设计意图：创设情境，让学生学以致用，促进知识的进一步内化。】

五、课堂总结

同学们，正如罗丹所说：这个世界不是缺少美，而是缺少发现美的眼睛。希望大家热爱生活，用心去感受，就能像老舍爷爷那样 ———— 不但发现美，欣赏美，而且能创造美，愿同学们都能成为生活中的有心人。

六、作业：

1. 老舍笔下的猫，充满了灵性，真是惹人喜爱。还有很多作家也写了关于"猫"的文章（出示课件），课后你们可以去搜集去看看，学习一下。

2. 小练笔：

模仿课文一段或多段，或着你看过的文章，写你喜欢的小动物。

【设计意图：有输入，才会有输出。通过推荐阅读，结合课文的学习，让学生心中先建立起一个框架，再通过小练笔写的练习，达到有效输出。】

板书设计

猫

尽职

贪玩　　↑　　温柔可亲

老实 ← 古怪 → 一声不出

可爱　　↓　　胆小

勇猛

初识课文　标注段落

——《秋天》教学设计

徐爱梅

【教学目标】

1. 会写"人、大"两个生字。
2. 正确朗读课文，注意"一"的不同读音。背诵课文。
3. 认识自然段。
4. 结合插图初步了解秋天的特征，知道秋天是个美丽的季节。

【教学重点】

正确朗读课文，注意"一"的不同读音。背诵课文。

【教学难点】

认识自然段。了解秋天的特征。

【教学过程】

一、复习导入

二、初步感知

（一）认识自然段

1.将本课和之前学过的课文进行对比，引导孩子发现段落的开头空了两个格子。

2.结合课后习题二的小气泡，认识空两格是自然段的标志。

3.教师示范标自然段 1，学生模仿标 2、3 自然段。

【设计意图：初识课文，学习、认识自然段，让孩子知道每一个自然段的开头空了两个格，并学会标注段落。】

（二）学习"一"的不同读音

1. 玩游戏，阅读课文找"一"字。

2. 教师出示带"一"的词语，学生齐读词语，体会"一"的不同读音。

3. 找到这些词语所在的句子，并齐读这些句子，把"一"的读音读准确。

【设计意图：学习并掌握一字的变音，通过读一读，填一填，来记住。】

三、精读课文

（一）学习第 1 段

1. 朗读第 1 段，边读边思考：和夏天相比，有什么变化？秋天天气凉了、树叶黄了、叶子落了。

2. 一片片和一片有什么不同？一片片表示数量多，写出了叶子纷纷飘落的样子。

3. 仿写"一片片"ABB 式词组。一条条、一天天、一个个。

（二）学习第 2 段

1. 朗读第 2 段，思考：这一段又写了秋天的哪些变化？天空高蓝、大雁南飞。

2. 图片感知天空的美，视频了解大雁南飞。

3. 大雁的队形里还藏着我们要学的生字，你知道是哪两个吗？人、大

4. 指导书写生字。注意写字姿势。

（三）学习第 3 段

1. 总结秋天的变化

2. 看到这么美丽的景色，真让人高兴。

3. 你想用哪一句话来表达自己的高兴？啊！秋天来了！

4. 全班齐读，感受作者对秋天的喜爱之情。

四、提升拓展

1. 秋天的变化不止这些，你还知道哪些变化？

2. 请你根据图片补充句子。

【设计意图：通过逐段学习，感知秋天有哪些变化？在朗读中去感悟秋天的变化。】

五、作业设计

背诵课文。

板书设计

秋天

天气　　凉了

树叶　　黄了、落了

天空　　高、蓝

大雁　　南飞

激趣引奇

——《黄山奇石》教学设计

徐爱梅

教学目标

1. 朗读课文，了解课文大意。
2. 会认 15 个生字，会写 9 个生字，掌握多音字"都"。

教学过程

◉ 第一课时 ◉

一、激趣导入

师：老师暑假里去了黄山游玩，给大家带来了一段黄山美景的视频，请欣赏。

师：闻名中外的黄山风景区，景色秀丽神奇，尤其是那些怪石，吸引了无数中外游客。今天我们来学习课文——黄山奇石。

【设计意图：激发学生学习兴趣。】

二、认读生字

师：大家都预习了课文，这些词语你会读吗？

三、识记生字

师：依据导学案，小组交流，你是怎样学习这些生字的？我们找各小组代表依次来说一说。

师：同学们归类得都很好，本课还有一个多音字，天都峰的"都"有两个读音：首都，都有。

师：请同学们再认真朗读一边词语，相信这一遍你会读得更好。

【设计意图：通过学生反馈多种识字方式，掌握生字学习自学生字的方法，从而达到自主识字。】

四、写字指导

师：同学们，本课的生字有三个"左右结构"，三个"上下结构"，两个"独体字"和一个"半包围"结构。写"巨"的时候注意首笔横居上居中，末笔竖折的横段超出上部。我们先来观看写字示范视频和笔顺演示，你可以按下暂停键，在自己的《小学语文写字本》上写一写。注意写字姿势。

接下来，请大家完成《语文知识能力训练》第32第一题，写完后请对一对答案，看看你写对了吗？

五、情境朗读

师：请同学们观看视频，感受黄山奇石的美。

（师播放情境视频）

师：请同学们自由朗读课文，思考课文介绍了哪些奇石，具体写了哪块奇石的样子？完成导学案上的习题。读好后小组交流一下。

【设计意图：通过播放情境视频，让学生初步感受黄山奇石的美。】

六、研读第一段

师：这么多奇形怪状的石头，作者发出了这样的感慨——那里风景秀丽神奇，尤其是那些怪石，有趣极了。

师：请同学们看课件，齐声朗读下面两个句子并思考在表达上有什么不同。

生："尤其"是"特别"的意思，表示更进一层。我们用它说个句子，比如"我喜欢吃甜食，尤其喜欢吃甜甜圈。"

师：你对这个词语的理解真到位。那么这个景色秀丽神奇，并且到处都是怪石的地方在哪里呢？请同学们看地图，找到它的位置。（出示黄山风景区地图）

师：这个神奇秀丽的地方就是闻名中外的黄山风景区，它位于我国安徽省的南部。古往今来，很多文人墨客游览黄山并留下了很多赞美黄山的诗歌。今天老师给大家带来一首杨公远的《黄山》，我们一起走进诗中，体会诗人笔下黄山的美。

（出示杨公远《黄山》）

师：黄山奇石究竟"奇"在什么地方，下节课我们再来一探究竟。

【设计意图：通过一首杨公远的古诗《黄山》体会诗人笔下黄山的美。】

◉ 第二课时 ◉

教学目标

1.通过品读重点段落和词句，学习并运用描写景物的方法（有序性＋有趣性），体会黄山奇石的栩栩如生。

2.结合图片和文字想象和感受黄山奇石的独特和美丽，培养对黄山的向往和对祖国美好河山的喜爱之情。

教学过程

一、激趣导入，引奇

师：这节课我们继续学习第9课黄山奇石。黄山风景秀丽，奇石众多，现在，老师想带着大家一起去黄山旅游，你们会想在哪块石头处留影呢？哪块石头最有趣呢？请同学们找到那一个段落，试着读一读，说一说。（请你按下暂停键，富有感情的朗读）

【设计意图：通过旅游留影这个情景来，激发学生探奇的好奇和求知欲。】

二、品读重点，探奇

（一）一奇：金鸡叫天都

生：老师，我想在"金鸡叫天都"处留影。因为我喜欢公鸡。

师：啊，这位同学选择在"金鸡叫天都"处留影。作者在介绍这块奇石的时候，先介绍了奇石的样子（出示：样子），再介绍了奇石的名字（出示：

名字），这样写非常的有条理，这就是有序性（出示：有序性），而且还运用了"伸""对着""啼叫"等一系列的动词（出示：动词），把这块巨石写得栩栩如生，真是非常的有趣（出示：有趣性）。

（二）二奇：猴子观海

师：这位同学喜欢的是猴子观海。同学们看这一段还是先介绍的奇石的样子，再介绍的猴子的名字（出示：样子＋名字）。很有条理哦！老师这里有两句话，我们一起来看看这两句话有什么不一样？你们感觉哪句更有趣呢？（对比句子）

猴子一动不动地蹲在山头。

猴子两只胳膊抱着腿，一动不动地蹲在山头，望着翻滚的云海。

生：我觉得第二句更有趣，我看到了这句话运用了"抱""蹲"和"望"这些词，让我们仿佛看到了一只活泼可爱的猴子。

师：（训练朗读）这位同学真会观察，这一系列的动作，竟然那么逼真。而且这不是人工雕刻，是在大自然中形成的，这简直太有趣啦。这么神奇、有趣的语言，让我们多读读，记在脑子里。（请你按下暂停键）（出示第3段）

师：（训练朗读）你们能带上动作读，让更多的同学感受到"猴子观海"这块奇石的有趣吗？

（三）三奇：仙桃石

师：的确是很有趣。这一段是先介绍的名字，再写了奇石的样子，让文章有了变化。而且还是飞下来的桃子，看来此桃只应天上有，人间只在黄山见。看着这飞来的石头，老师不禁想起这么一个故事：传说，孙悟空大闹天宫的时候，吃了王母娘娘的仙桃，然后把桃核随手一丢，丢到了黄山，于是便有了仙桃石。古人还这样称赞这块奇石，（出示诗句：光明顶上彩云飞，忽见仙桃石已归；石去天涯无歇处，仍回松岭伴朝辉。——《飞来石》）读。

（四）四奇：仙人指路

（课件出示学生模仿仙人指路的图片）

师：这位同学找得真准。作者不仅用了比喻的修辞手法，还用了站、伸、指等一系列的动词，竟把石头给写活了，给了我们无限的想象。

【设计意图：通过对黄山四奇的品读探究，让学生学会运用描写景物的方法：有趣性加有序性，体会黄山奇石的栩栩如生。】

三、活学活用，赞奇

师：其实像这样有趣的石头还有很多很多，第六段中提到了三处怪石的名称，现在请你们选一处自己喜欢的奇石，展开想象，像作者写前面那几块奇石那样，把握住有序性和有趣性的写法，试着说一说吧。（请你按下暂停键）

师：大家的想象力真丰富！刚才这三位同学都能插上想象的翅膀，说得也有序有趣，让我们真真切切地感受到了明代地理学家徐霞客的一句话：（大屏幕点出）五岳归来不看山，黄山归来不看岳。

【设计意图：让学生活学活用，插上想象的翅膀来夸赞黄山奇石的奇。同时，感受名家名句，五岳归来不看山，黄山归来不看岳。】

四、挥笔成文，写奇

师：这样的奇景可不止黄山有，咱们深圳也有八景。（出示深圳八景）

深圳八景：

一景：梅沙踏浪（大小梅沙）　　　二景：莲山春早（莲花山）

三景：深南溢彩（深南大道）　　　四景：侨城锦绣（华侨城）

五景：梧桐烟云（梧桐山）　　　　六景：羊台叠翠（羊台山）

七景：大鹏所城（大鹏所城）　　　八景：一街两制（中英街）

师：同学们，你们能不能用上加点的词语把我们的深圳八景写得有序、有趣呢？（出示下列词语）请同学们选择一幅你最喜欢的图片，试着写一写。（请你按下暂停键）

风景　景色　风景如画　秀丽　秀美　一枝独秀

著名　名字　名不虚传　闻名　新闻　百闻不如一见

（出示孩子们的作品）

【设计意图：通过学习黄山奇石，让孩子挥笔成文，写一写身边的景物，从输入到输出。】

师：其实，祖国大地上还有许多著名的风景区，课下同学们可以读读有关的课外书。在这儿，老师还有一篇描写美景的文章（出示文章），里面描写了呼伦湖的四季景象，感兴趣同学可以在课后阅读我们的《美丽的呼伦湖》。

美丽的呼伦湖，方圆约八百里，碧波万顷。它就像一面很大很大的镜子，镶嵌在内蒙古呼伦贝尔大草原上，给辽阔的大草原增添了迷人的色彩。

春天到了，呼伦湖畔水草丰美，遍地是美丽的野花，牧民们赶着牛羊来这儿放牧；夏天的湖面上，鱼儿跳跃，鸟儿低飞，白帆点点，渔民们高兴地撒开了鱼网；秋天，蔚蓝的湖水和蓝天连成一体，朵朵白云在水面上悠悠飘荡；冬天，到处是白茫茫的冰雪，宁静，美丽，像一个童话般的世界。

美丽的呼伦湖，多么迷人！

五、作业超市（请任选一题来完成）

1. 唱一唱。找一首歌颂美景的歌曲，试着唱一唱。

2. 画一画。把你喜欢的美景用图画记录下来。

3. 说一说。作为一名"小导游"，给身边的家人或朋友介绍你所喜欢的美景。

4. 做一做。给你所见过的美景制作"宣传海报"。

板书设计

黄山奇石

闻名中外	秀丽神奇
仙桃石	天狗望月
猴子观海	狮子抢球
仙人指路	仙女弹琴
金鸡叫天都	
（详写）	（略写）

热爱科学　探索未知

——《宇宙生命之谜》教学设计

林国花

【教学目标】

学会根据自己要了解的问题关注相关的内容，选用合适的阅读方法，迁移阅读，解决疑惑。

【教学重点】

引导学生根据不同的阅读目的，选用恰当的阅读方法，了解课文围绕"地球之外是否有生命存在"这一问题讲了哪些科学知识？

【教学难点】

通过了解宇宙生命之谜，培养学生主动查阅相关资料，从小养成热爱科学、热爱地球、保护环境、探索未知的好奇心。

【课　时】

第二课时

【教学准备】

幻灯片、其他星球是否存在生命的相关资料

【教学过程】

一、复习回顾，导入新课

师：同学们，上节课我们学习了《宇宙生命之谜》，谁能复述这篇课文围绕"地球之外是否有生命存在"这一问题讲了哪些科学知识？

生：回忆课文内容并复述。

师：通过上节课的学习，我们已经了解到地球之外如果有生命存在，至少要有四个条件。根据这些条件进行推测，唯一有可能存在生命的就是火星，但研究证明火星表面还没有生命存在，这仍是一个谜。这节课我们来继续学习这篇课文，根据不同的阅读目的，选用恰当的阅读方法，学习作者的写作方法，体会科学知识小品文的语言特点。

二、分小组探究学习

师：下面我们再次进入课文，整体把握课文内容，完成表格。

学生阅读交流，完成表格内容。

教师引导学生根据不同的阅读目的，选用恰当的阅读方法，关注课文内容。

预设 1：为了了解其他星球是否存在生命，可采用浏览阅读的方法，关注其他星球是否存在生命这一问题。

预设 2：作者写科学家是怎样判断其他星球有没有生命呢？可采用仔细阅读和反复阅读的方法，关注生命存在必须具备四个条件的内容。

预设 3：人类是否有可能移居火星？可采用快速阅读的方法，关注科学家近年来对火星的研究新发现。

相机引导阅读课文第 6-9 自然段。思考：为了揭开火星是否有生命存在的奥秘，作者先用了什么说明方法？最后得出什么结论？

预设 1：作比较：作者把火星与地球进行比较，找到了两个相似点：一是自转时间相似；二是有昼夜，有四季，两极也都寒冷。由此比较，又引出科学家的两种猜测：一是火星表面的黑色线条是运河；二是火星表面颜色随季节变化，认为那是植物在变色。这两种结果证实了火星上有人类、火星上有植物的两种说法是错误的。

预设 2：列数字：作者为进一步证实火星上没有生命，阐述了探测器的发现。还采用列数字的方法，证明了火星上水分少、大气稀薄、温度低、无磁场，这说明"火星上生命难以生存"。

预设 3：举例子：作者为使读者更加心服口服，通过到火星进行实地考察，列举了两个结果：一是土壤中未检测到有机分子，没有有机分子植物就不可能生长；二是未发现微生物存在，也就是火星连微小的生命都没有存在。这样又否定了火星上有生命的说法。

三、开展活动，升华主题

教师引导：虽然火星上没有生命，但是火星和地球很相似，人类会不会移居火星呢？

学生结合自己感兴趣的话题进行交流，激发学生的探索欲望。

四、拓宽学习，布置作业

教师引导：结合"天宫""嫦娥"的中国航天工程，展开合理的想象，写一篇与环保或飞往太空有关的作文，这节课我们就上到这里，下课。

板书设计

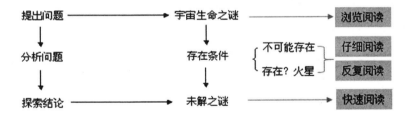

宇 宙 生 命 之 谜

认识古建筑　增强自豪感

——《故宫博物院》教学设计

林国花

【教学目标】

1. 根据不同的阅读目的，筛选阅读材料。
2. 从各种相关材料中提取重要信息，完成故宫参观路线图的设计。
3. 对材料中的重要信息进行组合，并搜集相关资料，游览时进行讲解。

【教学重点】

是根据不同的阅读目的，筛选阅读材料。理清文章的说明顺序，学习按照空间顺序说明复杂事物的写作思路，能为家人计划故宫一日游，画一张故宫参观路线图。

【教学难点】

了解故宫博物院建筑群规模宏大、建筑精美、布局统一的特点，能选择一两个景点，游故宫的时候为家人作讲解。增强民族自豪感，激发民族创造精神。

【教学准备】

幻灯片、实物投影、学习任务单，学生自备彩色记号笔。

【教学过程】

一、引入课题，了解任务

师：今天我们学习的内容和故宫有关，让我们一起齐读课题——《故宫博物院》

师：同学们有没有去过这个地方，或是对故宫博物院有一些了解的，跟大家进行交流。

预设1：谈谈对故宫的印象，金碧辉煌，雍容华贵等。

预设2：谈谈难忘的经历，在故宫里参观"故宫六百年"展览。

预设3：谈谈印象深刻的地方，如太和殿、御花园。

师：六百多年历史的沉淀，记录了封建王朝最后的辉煌，这节课我们就借由文字阅读来领略故宫的魅力，在这个单元的前两课中，我们学习了新的阅读策略——根据不同的阅读目的，选用恰当的阅读方法。

出示课件

师：谁来给大家读一读（一人读）

师：这么一看，咱们这节课的阅读任务似乎与《竹节人》相似，都是提供了学习任务，要求我们根据不同的任务来阅读课文，但是现在最大的挑战是这节课的课文是由四篇阅读材料组成的。

出示课件

教师引导：请同学们先快速阅读四篇材料，先看看这四篇材料的主要内容分别是什么。

（学生独立阅读思考，时间2-3分钟）

师：现在我们来交流，谁来说一说，这四篇阅读材料的主要内容分别是什么？

出示课件

材料一：具体讲述了故宫的建筑、移步换景的写作手法、说明文的体裁。

出示课件

材料二：太和殿的历史故事

出示课件

材料三：官网上的游览须知，主要告诉我们故宫的入口和出口。

出示课件

材料四：故宫平面图，标注了可游览的区域，很直观。

二、选择任务，小组交流

师：同学们已经基本掌握了四篇阅读材料的主要内容，现在小组交流，看看你们小组对哪个任务更感兴趣，今天我们就在课堂上通过小组合作的方式完成你们选择的任务。

生：（各个小组简单交流之后，确定各自的研究方向）

师：（简单询问学生分组情况）我这里准备了两份任务单。

出示课件

师组织：请每个小组派一名代表到前面来领取这节课活动任务卡。（发放任务卡）

师：每个小组现在都已经领取到了活动任务卡，请同学们先阅读任务要求，根据任务提示，小组合作完成任务。

（时间大约30分钟，期间对学生进行巡视，交流，指导，发现过程中的问题，确立将要负责汇报展示的小组。）

附：《故宫博物院》阅读学习单（一）

阅读任务：为家人计划故宫一日游，画一张故宫参观路线图。
学习提示： 可以尝试应用我们在本单元中学习到的阅读方法和阅读过程来完成任务—— 把四则阅读材料完整的读一遍，把握四篇材料分别写了什么内容。 筛选对完成任务（一）有帮助的阅读材料，想一想这些材料能为解决问题提供怎样的帮助？ 仔细阅读选定的材料，从中提炼与阅读任务相关的有用信息，可以将一些关键词句用彩笔标注出来，在标注的旁边可以配以简练的文字说明。 整合这些有用信息，完成任务（一）。建议在绘制故宫参观路线图时，直接使用彩笔在材料四提供的平面图上进行绘制。注意梳理主要景点，便于汇报展示。 完成任务（一）的学习之后，在小组中推选两位"讲解员"，一位负责向大家介绍你们的阅读方法和学习过程，另一位负责将本组设计的参观路线图介绍给大家。

《故宫博物院》阅读学习单（二）

阅读任务：选择一两个景点，游故宫的时候为家人作讲解。
学习提示： 可以尝试应用我们在本单元中学习到的阅读方法和阅读过程 来完成任务—— 把四则阅读材料完整的读一遍，把握四篇材料分别写了什么内容。 结合阅读材料选择确定要为家人讲解的景点，筛选出对完成景点讲解有帮助的阅读材料，想一想这些材料能为解决问题提供怎样的帮助？ 仔细阅读选定的材料，从中提炼与阅读任务相关的有用信息，可以将一些关键词句用彩笔标注出来，在标注的旁边可以配上简练的文字说明。

统整这些有用信息，完成任务（二）。建议在准备景点讲解的内容时，先根据阅读提炼的有价值信息，列出讲解的提纲，再按照提纲练习讲解。讲解的时候注意不要生搬硬套书上的原话，尽量用自己的语言生动讲述。

完成任务（二）的学习之后，在小组中推选两位"讲解员"，一位负责向大家介绍你们的阅读方法和学习过程，另一位负责把你们选择的景点为大家作讲解。

三、任务一成果展示交流

任务成果——展示小组上台交流，结合自己绘制的游览路线图进行汇报。

师：现在我们先请这组同学来说一说这个路线图诞生的过程介绍他们的阅读方法和学习过程。

出示课件

1.首先介绍完成任务的过程，注意听学生陈述的方法过程是否符合要求，在符合要求的前提下，学生是否有发挥。

预设1：学生细读材料一，要肯定。

预设2：相关信息，寻读，提炼信息，要肯定。

教师组织学生汇报选材内容以及选择原因：你觉得哪些材料对于完成任务一有帮助？

预设：完成任务一要选择材料1.3.4

教师追问：能说说理由吗？

预设1：要设计故宫游览路线图，就必须了解各个景点的特点，材料一可以提供较为全面的故宫建筑布局。

预设2：材料三可以看到故宫博物院的出入口，设计路线时起点一定是午门，出口可以是神武门或东华门

预设3：材料四是平面图，可以更直观更形象的呈现故宫的整体布局。

预设4：引导的过程中注意，说的不理想的时候，请其他同学补充，追问还有那些同学选择了材料一？可以进行补充，以达成理解文章主要内容的目的。

2.结合材料一进行具体解读，汇报重点阅读的段落，提炼的有效信息。

预设：根据学生的汇报，适时出示幻灯课件，引导学生关注材料一中表述游览顺序的关键句子，进行汇总梳理，并由学生阐述游览顺序与完成路线

图绘制任务的关系。

3. 先将本小组的阅读和思考过程汇报之后，再呈现完成的路线图，由一名同学进行解读。鼓励肯定，寻求其他小组的建议之后结束交流。

预设：观察在小组研究过程中有没有设计路线风格不同的，如出口选择东华门的线路，相机展示两种不同选择的不同路线规划。可以比较游览路线的相同之处，如都是以三大殿为游览核心区域进行设计。

教师跟进1：如果你想去景山公园，看看可以选择路线一，出了神武门往北不远就是景山公园，附近还有北海公园，什刹海，都展露着皇城根儿的风味。

教师跟进2：如果你想去北京最繁华的街道王府井看一看，你可以选择路线二，出了东华门继续往东，就是王府井大街，那里是现代化的商业街，走出古典，走进现代，这就是北京城的魅力。

四、任务二成果展示交流

任务二展示小组上台交流，结合任务卡进行汇报。

师：那么现在请负责任务二的这个小组来向大家汇报他们的学习收获，依然是请你们先来说说小组阅读时采用的策略，采用了哪些资料，怎样使用的。在哪些地方进行了细读。

1. 汇报选材内容以及选择原因

预设：完成任务二需要选择材料1.2。

预设关注点1：完成两个任务都用到了材料一，可见材料一是整个阅读任务中最重要的阅读内容。

预设关注点2：对于任务二来说，材料一中的内容并不是全都有用的，所以要有取舍的进行阅读。与选择景点相关的内容多读，无关的不用多读。

2. 结合材料一进行具体解读，重点呈现完成任务二的过程中由于阅读目的不同，所以阅读的重点也有所不同。

预设：根据学生的汇报，适时出示幻灯课件，重点材料一中展示三大殿以及其中核心太和殿的段落内容，引导学生关注文本内容。

完成任务二在细读材料一时最重要的阅读策略就是与讲解的景点相关的内容细读，其他内容可以忽略。就要肯定。